KB261061

25시간으로 하루를 사는 법

25시간으로
하루를 사는 법

김 민 주 지음

이가서
Leegaseo publishing

Contents

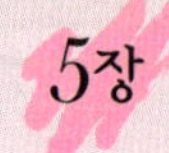

5장

하루를 어떻게 보내느냐가
미래를 결정한다 _ 215

인생의 위기마다
시간 관리에 답이 있었다.

당신은 어제의 하루에 만족하는가?

이 책을 펼친 당신은 한번쯤 "할 일은 많은데 시간이 없어." "하고 싶지만, 가고 싶지만, 할 시간이 없어." "많은 일들 중 무엇부터 해야 할지 모르겠어." "바쁜 회사 일에 내 시간이, 내 삶이 없어."라고 고민 해본 적이 있을 것이다.

누구에게나 주어지는 24시간. 하지만, 모든 사람들이 24시간을 온전히 누리며 사는 것은 아니다. 모든 사람에게 공평하게 주어지지만, 누군가는 쫓기든 살며 누군가는 스스로의 의지대로 충실한 하루를 사는 사람이 있다. 그들의 차이는 무엇일까?

그들의 시간활용의 차이는 목표와 절실함의 여부이다. 시간 관리의 필요성을 느끼는 사람은 성장하고자 하는 의지, 현실의 삶에서 변화하고자 하는 의지가 있는 사람들이다. 목표 없이 사는 사람은 어제와 같은 현실에 만족도 불만족도 없이 주어지는 대로 살아간다. "이렇게 사는 거지

뭐, 변화가 있겠어?" "귀찮아…얼마나 바뀌겠어?"라는 생각으로 시도조
차 하지 않는다. 하지만, 인생을 주도하며 사는 시간관리 하는 사람들은
다음과 같은 특징이 있다.

- 이루고자 하는 뚜렷한 목표가 있다.
- 자신의 인생을 소중히 한다.
- 주어지는 대로 살기보다 주도적으로 삶을 이끌고 싶어 한다.

대학문턱을 넘어서고서 나의 하루는 항상 two jobs 또는 샐러던트의
인생이었다. 인턴생활로 사회생활을 시작한 때부터 나의 하루는 24시
간인적이 없었다. 초반에는 아침출근 9시부터 6시까지 업무를 마치고,
회계사 시험 준비를 위해 저녁 반 수업에 달려갔다. 온라인/오프라인 수
업을 듣고, 자습을 하고 새벽 2-3시가 되어야만 잠이 들 수 있었다. 인턴
후반기에는 본격적인 취업준비를 위해 스터디를 운영하고, 자기소개서
를 쓰는 등 하루의 시간을 쪼개 써야만 했다.

현재의 회사에 입사하고서 야근이 일상인 해외영업팀에 배치되고서
회사에 밤 11시, 12시까지 남아있는 시간이 계속되었다. 하지만, 회사 업
무에만 편중된 삶을 살다보니 나 스스로를 위해 쓰는 시간이 없음을 깨
달았다. 그리고 그때부터 지하철 막차에 하루종일 업무로 지친 몸을 실
으면서도 책을 펼쳤다. 그리고 밤 12시, 1시에 도착해서 책상에 앉아 관

심 있는 책, 외국어 공부, 취미활동으로 하루 24시간이 부족한 하루를 채우며 살았다.

현실에 안주하고자 하는 생각이 없었기 때문에 매일 주어지는 24시간에 집중했음을 깨달았다. 삶에 갈증을 느낄 때마다, 변화고자 하는 의지가 생길 때마다 행동하는 시간을 마련했다. 결국 남들과는 차이를 가져오는 시간이 하루를 25시간 살 수 있게 한 것이다.

시간 관리에 성공한 사람들의 특징은, 그들은 항상 목표를 설정하고 절박함으로 하루 24시간을 효율적으로 활용했다. 에디슨은 매일 18시간의 몰입의 연구시간을 가졌고, NBA 농구선수 브라이언트 코비는 고등학교 시절 농구만을 생각하고 연습에 몰두했다. 그리고 슬럼프를 겪을 때마다 빨리 회복될 수 있었던 것은, 연습에 더욱 몰입한 시간 덕분이라고 말한다.

변화고자 하는 의지가 있는 사람이라면, 이루고 싶은 목표가 있는 사람이라면 시간 관리에 대한 관심이 높다. 이 책은 현재의 인생에 변화를 가져오고 싶어 하는 사람들을 위한 책이다. 남들과 똑같이 주어지는 24시간이지만 각자 창출하는 가치가 다르듯, 올바른 시간관리 방법을 안다면 인생의 변화는 곧 찾아올 것이다.

공허하고 답답한 현실 속에서 변화를 그대로 유지 않는 사람들에게는 달콤한 해외여행도 결국 독이 될 수 있다. 매일 매일 인생을 일주일의 휴가를 위해 견디는 삶에 의존하는 것은 너무 안타깝다. 어떤 변화를 가져오고 싶은가? 어떤 인생을 살고 싶은가? 성공한 인생을 살고 싶다면, 오늘 하루 시간 관리에서부터 시작한다. 오늘 하루에 대한 통제력이 없는데 인생의 통제력을 갖는 것은 불가능하다. 어제와 같은 오늘을 살고 있는가? 오늘 하루가 만족스럽지 않고, 재미가 없는가? 그렇다면 인생의 변화를 가져올 오늘 하루 24시간부터 관리하라.

이 책은 바쁜 하루를 살면서도 정작 자신의 인생을 살지 못하는 사람들에게 해결책을 제시하고자 한다. 원하는 인생, 하고 싶은 일을 하면서 행복하고 충만한 인생을 사는 법을 제시한다. 충만한 인생을 살기위해서는 오늘 하루에 집중해야 한다.

해야 할 일은 많고, 하고 싶은 일은 미뤄야만 하는 현실 속에서, 오늘 하루 속에서 뜻대로 살지 못한다면 우리의 인생도 원하는 대로 살 수 없다. 오늘 하루 시간활용법에 대해 강조하는 이유다. 자신의 시간을 뜻대로 통제하는 사람은, 인생을 원하는 대로 이끌 수 있다.

나는 이 책이 사람들이 오늘 하루에 만족하며, 재밌고 즐겁게 변화를 이끄는 삶을 살기위한 바램으로 썼다. 단순히 1년에 한두 번 휴가를 얻어 가는 해외여행만을 바라보며 오늘 하루를 견뎌내는 것이 아닌, 진정

오늘 하루에 만족하는 삶을 살기를 바라는 바램이 크다. 나의 인생에도

변화가 찾아왔던 만큼 이 책이 당신의 인생에 단비 같은 존재가 되길 바

란다.

2016년 1월
작업실에서

1장

변하고 싶다면
당장 시간부터
관리해라

01 왜 우리는 어제와 똑같은 하루를 사는가

"어제와 같은 하루를 살고 변화하길 바라는 당신은 정신이상자이다."

변화하기를 꿈꾸면서 행동과 태도가 변하지 않는 사람들에게 건네는 아인슈타인의 일침이다. 많은 사람들이 어제와 같은 하루, 변화 없는 하루에 답답해한다. 하지만 대부분은 어제와 같은 시간에 허둥지둥 일어나 급하게 출근 준비를 하고, 아침밥을 챙겨먹을 새도 없이 집을 서둘러 나오기 바쁘다. 그리고 지각을 면하기 위해 허겁지겁 달려 9시 5분전 아슬아슬하게 출근하고 있지는 않은가? 조금만 더 서둘러 출근을 했으면 됐는데, 괜히 지옥철 안의 사람들에게 "왜 이렇게 많은 거야?"라고 불평을 하며 사람들과 부대껴 지하철에 몸을 싣는 상황에 괜한 화를 내고 있는 건 아닌가?

변화를 갈망하면서 무언가 새로운 일, 재밌는 일이 있을까 여기저기 기웃거리면서도 결국 '귀찮다'는 이유로 새로운 모임의 참석이나 새로운 사람들과의 만남을 꺼려하고 있지는 않은가. 결국 우리는 변할 수 없는 오늘을 살면서 하루하루 후회만 쌓아가고 있는 건 아닌지 반성해 볼 필요가 있다.

일주일 7일 중 5일간 우리는 회사 업무에 맞춰 하루를 보내고 있다. 아침 9시부터 저녁 7시까지 업무시간이 정해져 있지만, 단지 계약상의 정규 근무시간일 뿐 실제 업무시간은 곧잘 밤 9-10시까지 이어지는 야근 업무시간까지다. 이정도면 점잖은 야근일 때도 있다. 자정이 가까워지거나 자정을 넘어 막차라도 놓치는 날이면, 결국 우리는 집에 잠시 눈을 부쳤다 씻고 나오는 게 전부인 한 주를 보내게 되는 것이다. 이러한 생활 습관에서는 자녀들과 시간을 보내거나 사랑하는 사람과 시간을 보내는 것도 주중에는 불가능한 이야기가 되기도 한다. 자기 관리를 할 시간마저도 사치가 되는 것이다.

많은 업무와 마감에 쫓기고, 여러 일이 몰리는 시기가 있다. 하지만 기본적으로 일의 무료함을 갖고 일을 하는 사람은 인생이 더딜 수밖에 없다. 왜 우리는 어제와 같은 하루를 사는 것일까? 그 이유는 세 가지를 들 수 있다.

우리가 어제와 같은 오늘을 사는 첫 번째 이유는 명확히 이루고자 하는 목표가 없기 때문이다. 오늘 이뤄야 하는 일이 있다면 우선적으로 끝마쳐야 하는 일을 해결하려 할 것이다. 하지만 어제 미룬 일은 오늘 미루기 쉽고, 어제 그만뒀던 일은 오늘도 그만두기 쉬운 것이 사람의 마음가짐이다. 어제와 다른 오늘을 산다는 것은 거창한 것이 아니다. 오늘 하루 적게는 5분-10분의 시간투자로 어제에는 없었던 새로운 성과를 가져오는 것에서부터 시작한다. 어제 못하고 미뤄왔던 일을 오늘 마무리하고 새로운 일을 시작하는 것, 어제 30 프로 밖에 결과를 내지 못한 일을 오늘은 50 프로 내일은 70 프로까지 이뤄내는 것이 인생에 조금씩 변화를 가져오는 것이다.

두 번째 이유는, 데드라인을 설정하지 않았기 때문이다. 당신은 업무를 시작할 때 언제까지 일을 마감해야 하는지 미리 정해놓고 시작하는가? 항상 진행상황을 체크하는 스타일인가? 어제와 같은 하루를 산다는 것은 미완성의 상태로 남아있는 일들이 많다는 뜻이다. 하지만, 데드라인을 설정하고 매일 자신의 진행상황을 체크하는 사람은 결국 변화를 가져오는 인생을 살 수 밖에 없다. 자신의 진행상황을 되짚어본다는 것은 결국 자신이 제대로 가고자 하는 방향을 알고 있다는 뜻이기 때문이다. 목표한 바가 명확하니 중간 중간 벗어나지 않도록 자신을 돌아보는 것이다.

세 번째 이유는 스스로 삶에 변화를 가져오고자 하는 의지가 없기 때

문이다. 어떤 변화를 가져오고 싶은지에 대한 정확한 구상이 없으니 그
저 주어지는 대로 사는 것이다. 인생을 계획 없이 산다는 것은 내 하루를
남이 시키는 대로 산다는 것이다. 주중에는 회사생활로 하루에 12시간
이 넘는 시간을 쓰다 보니 회사의 업무 시간에 맞춰 출근을 하고 퇴근을
하게 된다. 나의 하루가 나의 의지보다는 회사의 스케줄에 맞춰 야근을
하거나, 회식에 불러가게 되니 나 자신을 위해 쓰는 시간을 갖는 건 어렵
다. 평소보다 일찍 퇴근한 날에 시간이 남으면 공허함을 느끼는 것이 그
이유다.

입사 초 영업팀으로 배치를 받았을 때 퇴근의 개념이 뚜렷하지 않았
다. 강압적으로 상사가 퇴근하지 말라고 지시한 것은 아니었지만, 선배
들이 7시 반-8시까지 저녁을 미루고 야근을 일삼다 보니 자연스레 눈치
를 보며 퇴근 타이밍을 놓치기 일쑤였다. 점심시간 이후 바쁜 업무 탓에
다들 저녁 7시 넘어서까지 자리에 앉아 있다 보니 옆 팀은 6시 반쯤 저녁
을 먹거나 퇴근할 때 우리 팀은 업무에 집중할 수밖에 없었다. 그러다보
니 허기를 달래러 오후 5시쯤 짬을 내어 편의점에 다녀오기도 했다. 그
리고 그때 선배들의 업무시간이 나에게 스며드는 것은 그리 오래 걸리
지 않았다.

매일 5일중 3-4일을 야근할 정도로 업무량이 많은 부서였기 때문에 업
무시간이 야근시간까지 넘어가는 것이 너무 자연스러울 정도였다. 그

렇게 야근에 적응하면서 주중에 약속을 잡는다는 것이 말도 안 된다고 느껴질 때쯤, 하루는 일찍 퇴근하게 되었을 때 나는 아무것도 할 수 없었다. 주중에 일찍 끝난 적이 없었으니 막상 일찍 끝나면 무엇을 해야 할지 몰랐던 것이었다. 주중에 친구를 만난다는 것이 불가능하다 생각했고, 영화를 본다는 것도 불가능한 일이었다. 친구들이 주중에 만나자는 약속을 하거나, 주중에 퇴근 후 자기계발을 위해 학원을 간다고 하면 나는 어떻게 그것이 가능한지 의아하게 여길 정도였다. 그때 처음 가졌던 야근이 없는 하루가 나에게는 신선한 충격이었다.

스마트 시대를 외치며 최신 스마트 기계들이 늘어나고, 인터넷 속도는 더욱이 빨라지고 있다. 하지만, 업무속도가 빨라지고 효율성을 극대화하기 위해 스마트업무시스템이 도입되어도 우리의 근무시간은 줄어들지 않고 있다. 왜 우리는 시간에 쫓겨 사는 걸까. 무엇이 잘못된 것일까? 그 이유는 업무 효율을 높일 수 없는 하루를 살기 때문이다. 어제와 다른 오늘을 산다는 것은 크게 어렵지 않은 일이다. 시간에 쫓기는 일상에서 벗어나는 것은 어제와 다른 오늘을 사는 것에서 시작할 수 있다. 몇 가지 제안 해보겠다.

- 10분 일찍 일어나 아침 챙겨먹기
- 지하철 복잡한 시간대를 벗어나 5분-10분 일찍 출근하기

- 출근길 책을 읽기

- 어제보다 5분 더 운동하기

　똑같이 24시간이 주어지는 하루 속에서 같은 회사, 같은 부서 안의 사람이라도 누군가는 일을 여유 있게 처리하고 인생을 즐기는 사람들이 있다. 업무양이 적은 것도 아닌데 빠르게 업무를 처리하고 일찍 퇴근길에 오르는 사람, 저녁 미팅이 잦은 업무임에도 운동할 시간을 마련하는 사람들처럼 말이다. 변할 수 없는 환경 속에서 변화를 가져올 수 있는 그들의 특별한 시간관리 방법은 바로 어제와 다른 하루를 산 것이다.

　"당신이 만약 참으로 열심히 라면 '나중에'라고 말하지 말고, 지금 당장 이 순간에 해야 할 일을 시작해야 한다." 라고 괴테는 말했다. 변화를 위해서는 익숙함에서 벗어나는 것이 먼저이다. 하루가 쌓여야 일주일이 되고 한 달이 쌓이듯, 인생의 변화를 가지고 싶다면 하루 하나의 조그마한 변화를 가져와 보자. 무료한 일상에서 벗어나기 위한 시도일 수 있고, 어제보다 많은 지식을 쌓을 수 있는 하루가 될 수 있다. 어제보다 더 건강한 인생을 바랄 수도 있고, 어제보다 더 행복한 하루를 바랄 수도 있는 것이다.

　당신은 어제의 삶에 만족을 했는가? 오늘의 하루에 만족을 했는가? 내일은 어떤 면이 달라지기 바라는가? 오늘 하루 부족했던 점이 무엇인가? 한 가지만 선택해서 내일은 오늘보다 더 나은 하루를 살아보자.

어제보다 오늘이, 오늘보다 내일이 더 나은 하루를 위해 이루고 싶은
변화는 무엇인가?

Answer:

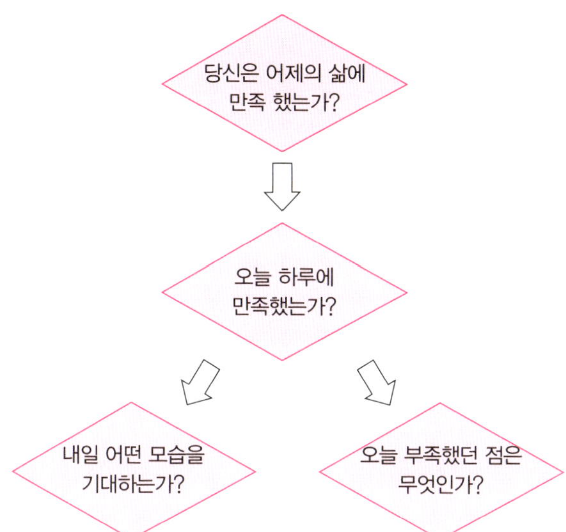

02 당신의 오늘 하루 가치는 얼마입니까

　헤럴드경제에서 연재하는 '슈퍼리치'섹션에 《빌 게이츠의 64초, 김과장의 한달》이라는 제목의 재미있는 기사가 발행되었다. 한국 직장인의 24시간과 빌 게이츠의 24시간 하루 가치의 비교의 표가 특별히 인상적인 기사였다.

　빌 게이츠의 24시간은 $365만 달러이고, 한국 직장인의 24시간 가치는 $90달러, 약 10만원이다. 1분당 그는 2,535달러의 가치를 버는데 반해 한국 직장인은 평균 임금을 반영한 1분의 가치가 6센트, 즉 60원에 불과했다. 결국 한국 직장인이 한 달 열심히 일해서 버는 2,535달러 정도의 월급은 빌 게이츠가 잠시 1분 멍만 때려도 벌어들이는 것이다. 그가 매일 밤 잠들기 전에 갖는 1시간의 독서시간은 15만 2078달러의 가치를

가진다. 하지만 직장인들이 눈치를 보며 빠질 수 없는 저녁 회식의 시간은 불과 15달러에 불과하다. 더욱이 빌게이츠의 시간가치 중 재미있는 부분은 밤 9시에 잠들어 새벽 4시에 일어나는 7시간의 수면시간마저도 106만 4546달러의 가치를 가진다.

위의 비교가 조금은 과장된 비교일지도 모르겠다. 기사의 특성상 그가 천문학적으로 벌어들인 수익을 단순히 취침시간, 출근시간, 식사시간 등으로 구별하여 단순 계산한 것이 일차원적인 비교이기 때문이다. 하지만, 빌 게이츠와 같은 슈퍼리치와 하루 가치 비교가 아니더라도 대학생 때의 아르바이트 비와 지금 월급이 염연히 다름을 봐도 시간의 가치 차이를 이해할 수 있을 것이다.

　가치 창출이라는 개념은 투자한 인풋대비 생산되는 결과로서 가치를 측정할 수 있을 것이다. 단순히 직장의 월급으로서 한 사람의 가치 창출의 정도를 비교할 수는 없을 것이다. 아무리 높은 연봉을 받는다 해도 일에 대한 의미를 찾지 못하고, 출근하는 순간부터 퇴근하고 싶다는 생각에 사로잡히는 사람이 제대로 가치를 창출한다고 말할 수 없으니 말이다.

　당신이 스스로 측정한 하루의 가치는 얼마인가? 지금의 월급이 당신의 하루 업무량을 확실히 보상해주고 있다고 생각하는가? 아침 6-7시쯤 기상하여 출근을 하고, 오전근무에 열중하다 보면 회사에서는 오후에 더 열심히 일을 하라고 점심을 제공한다. 점심을 먹고 잠시 휴식을 취하고 오후에 또 집중해서 일하면 저녁시간이 되고 퇴근을 하는 사람도 있지만, 계속되는 야근 근무를 위해 저녁을 먹고 또 다른 업무의 시간이 시작된다. 아침 6-7시부터 다시 집으로 돌아오는 밤 9-10시 퇴근시간을 고려하면 하루 24시간 중에서 적어도 15시간을 직장에 할애하고 있다. 만약 이 생활에 만족을 하고, 월급에도 만족을 한다면 문제가 없을 것이다. 하지만, 11시-12시까지 야근업무를 하면서도 추가 근무수당이나 야근수당 없이 수익을 창출해야 하는 입장에서는 직장인들에게는 스스로의 건강을 잃는 큰 손실이 있다. 그리고 과중된 업무는 결국 삶과 나 자신의 존재가치에 대한 허무함을 초래하게 되는 것이다.

하루 중 온전히 나를 위한 시간, 나를 만족시키는 시간이 있는지 생각해 본적이 있는가? 가치 있는 인생, 가치 있는 하루를 판단하는 기준으로 경제적 가치를 창출하는 기준과 스스로 느끼는 삶의 만족과 행복 기준으로 평가를 해볼 수 있을 것 같다. 톨스토이는 인생을 더 행복하고 값지게 살기 위해 스스로에게 항상 세 가지 질문을 던졌다.

1. 가장 중요한 시간은 언제인가?
2. 가장 중요한 사람은 누구인가?
3. 가장 중요한 일은 무엇인가?

그리고 세 가지 질문에 다음과 같은 답을 했다.

"세상에서 가장 중요한 시간은 지금이다. 가장 중요한 사람은 지금 함께 있는 사람이고, 가장 중요한 일은 지금 함께 있는 사람을 위해 좋은 일을 하는 것이다. 바로 이 세 가지가 인생에서 가장 중요한 것들이다."

지금 이 순간이 우리의 인생에서 가장 의미 있는 시간이다. 과거는 이미 되돌릴 수 없을 만큼 흘러가 버렸고, 미래는 다가오지 않아 불안하지만 결국 오늘만이 내 의지대로 살 수 있는 순간이기 때문이다. 우리 스스로에게 톨스토이가 던진 세 가지 질문에 답을 해보자.

Answer:

프리마돈나 발레리나 강수진은 저서 《나는 내일을 기다리지 않는다》에서 과거로 돌아가고 싶은 순간도 없고, 내일을 기다리지 않는다고 했다. 오직 주어진 오늘에 가치를 둔다는 것이다. 그녀는 왜 내일을 기다리지 않는 걸까? 그만큼 하루하루에 최선을 다하고 최고의 노력을 기울이기에 다가올 미래보다 오늘 하루가 더욱 놓쳐서는 안 되는 시간으로 여겨지기 때문이다.

내일은 어떤 일이 일어날지 모른다. 하지만, 오늘만은 내 의지대로 살 수 있다. 오늘을 충실히 즐기며 살아가고 있는지, 기회를 누리며 살아가고 있는 생각해보자.

2. 가장 중요한 사람은 누구인가?

Answer:

지금 같이 일하고 있는 동료, 함께 이야기를 나눌 수 있는 친구, 나를 맞이해주는 가족들과 함께 시간을 보내고 있는가? 회사에서나 인생에서 서로 응원해주고 이끌어주고 믿고 따를 선배나 후배와 함께 하는 시간을 소중히 하고 있는가?

사람 스트레스를 받지 않고 회사생활을 하는 것도 크나큰 행운이자 복이다. 나를 이끌어주는 상사와 선배가 있고, 나의 성과를 왜곡 없이 인정해주는 사람이 있다는 것도 큰 힘이 된다. 또한, 서로 응원해주고 어떤 길을 선택하든 응원해주고 진심어린 충고를 건네주는 동기와 친구가 있다는 것은 각박한 사회생활에서 버텨낼 수 있는 큰 힘이 된다.

우리는 중요한 사람으로 가족과 친구를 들지만 실제 오늘 하루 중 소중한 사람에게 시간을 쓰는 것은 적다. 현실적인 이유 때문 일수도 있지만, 오늘 그들과 함께 보내지 않으면 내일도 1년 후도 보낼 시간은 점점 더 없어질 것이다. 그들과 보내는 시간은 충분한지 되돌아보자.

3. 가장 중요한 일은 무엇인가?

Answer:

당신은 어떤 것에 가치를 두고 인생을 살고 있는가? 당신에게 중요한 가치가 회사의 일인가? 아니면 개인의 삶인가? 현재와 미래 중 어느 것에 가치를 두고 있는가? 가치를 두는 것에 집중하는 시간이 많아질수록 성장하는 삶, 후회 없는 삶을 살 수 있다.

우리의 하루 가치는 80년, 100년 사는 인생에서 보면 일부분일 수밖에 없다. 하지만, 누군가에게 오늘 하루는 인생역전의 기회나 다시 새로운 인생을 살 수 있는 기회가 될 수 있는 날이다. 하루의 가치를 키우는 사람이 성장과 성공을 거머쥘 수 있는 인생을 사는 것이다. 당신의 하루 가치는 얼마인가? 가슴 뛰는 인생을 살수록 당신의 하루 가치가 커질 수밖에 없다.

"대장간의 쇠막대기로 말발굽을 만들면 가치가 두 배로 증가하고, 바늘을 만들면 67배, 면도날을 만들면 657배, 고급시계에 들어가는 스프링을 만들면 5만 배가 상승한다." 콘래드 힐튼의 말처럼 우리의 하루도 오늘 하루 시간활용에 따라 창출하는 가치가 달라진다. 내가 만드는 오늘 하루 의미에 따라 오늘 나의 하루 가치가 달라진다.

03 하루라고 다 같은 하루가 아니다

　당신의 하루는 몇 시간인가? 하루 24시간 누구에게나 공평하게 주어지는 24시간이지만, 정작 사람들의 하루를 들여다보면 현실은 다르다. 빌 게이츠가 "인생은 공평하지 않다는 것을 명심하라"고 말한 것처럼 결국 우리의 하루도 각자가 어떻게 사느냐에 따라 누군가는 하루 10시간도 채 못살 듯 시간을 낭비하고 누군가는 30시간에 가까운 하루 시간 활용력을 가진다.

　24시간이 부족한 직장생활을 하는 현대인들 중에, 자신이 원하는 대로 시간을 쓰는 사람은 극히 드물 것이다. 아무리 사업을 하는 사람일지라도 결국엔 자기 자신에 맞춰 시간을 쓰기보다 고객이나 거래처에 맞춰 시간을 사용하게 되니 말이다.

인기리에 방영되고 있는 프로그램 《냉장고를 부탁해》를 보면, 한정된 재료 즉 그날 참석한 게스트의 냉장고 속에 있는 셰프들에게 공평하게 주어지는 재료와 15분이라는 제한된 시간으로 어떤 요리를 선보일지 8명의 요리사가 선택을 한다. 똑같은 재료를 갖고 있다 해도, 요리사들이 가진 특별한 노하우와 특기로 만들어 내는 요리가 각양각색이듯 결국 우리들의 하루도 어떻게 사용하려 하느냐에 따라 천차만별의 결과를 만들어 내는 것이다. 오늘 하루를 어떻게 요리하느냐에 따라 내 인생은 웅장하고 위대한 하루가 될 수 있고, 아니면 편의점에서 파는 간편 요리처럼 가볍게 여길 수밖에 없는 하루가 되기도 한다.

"시간은 인생의 동전이다. 시간은 당신이 가지고 있는 유일한 동전이며, 당신만이 그 동전을 어디에 쓸 것인지 결정할 수 있다. 당신 대신 다른 사람들이 그 동전을 쓰지 않도록 조심하라." 미국 시인이자 소설가 칼 샌드버그는 말했다. 오늘 주어진 하루는 내가 가지고 있는 한 푼의 동전이며, 이 동전을 어떻게 쓸지는 나만이 결정할 수 있다. 동전을 그저 바로 써버릴지, 또 다른 가치를 만들어낼지, 또는 그저 잃어버리게 될 지는 본인의 선택에 달려있다. 어떻게 사용할지 결정 하였는가?

매일 하루 시간이 부족하다 말하는 당신이라면, 항상 시간이 부족하다 말하게 되는 원인을 생각해보자.

□ 업무량 대비 쫓기는 마감일

□ 과도한 업무량

□ 한 번에 많은 업무와 책임

□ 중요하지 않아 미루게 된 일들

당신의 시간이 부족한 이유는 무엇일까? 시간을 통제하기보다 끌려다니는 이유가 무엇이라고 생각하는가? 떠오르는 대로 적어보자.

□

□

우리는 항상 어제와 같은 오늘, 오늘과 같은 내일의 반복되는 삶에 염증을 느낀다. 변화란 보이지 않고, 변화를 꿈꾸고 활동하기엔 시간이 부족하거나 바쁜 일상에 행동할 의지도 충분치 않다. 하지만 버락 오바마의 다음의 말이 당신을 조금은 움직일 수 있지 않을까 싶다.

"변화를 가져다주는 사람 또는 시간을 기다리기만 한다면 변화는 오지 않을 것이다. 바로 지금 나 자신이 내가 찾는 변화이다."

결국 동전의 쓰임을 선택하는 것과 같이 내 인생의 변화를 가져오는 것은 상황도, 다른 사람도 아닌 오늘 내가 결심한 선택에 달려있다. 결국 하루를 즐길 수 있는 방법은 내 의지와 선택에서 비롯된 시간 관리에서 시작하는 것이다.

여행지에서 느끼는 하루는 일상생활에서 느끼는 하루와 차이가 있다. 여행지에서의 하루는 설렘으로 시작해 아쉬움으로 끝난다. 하루의 시작부터 여유로운 마음으로 시작되기에 만족감도 크다. 물론 여행자의 스타일에 따라서 촘촘히 여행루트를 짜길 원하는 사람도 있고, 하루 한 두 곳의 여행지를 선택하여 여유롭게 구경 다니는 사람도 있을 것이다. 하지만, 여행지에서 보내는 하루는 일상생활의 하루와 달리 마음가짐 때문에 하루의 만족도가 조금 더 클 수밖에 없다.

뉴욕으로 여행을 갔을 때다. 몇 주간 계속된 야근의 몸을 이끌고 출발한 휴가이었기에 첫째 날은 열심히 돌아다녔지만 둘째 날은 몸을 움직이지 못할 정도가 피로가 누적이 되었다. 할 수 없이 둘째 날은 숙소에서 쉬는 일정으로 변경했다. 피로가 누적된 상태에서 여행을 강행했다면 여행의 가치를 느끼기도 전에 남은 기간 동안 병이나 지쳤을지도 모른다. 하지만 둘째 날 하루 쉰 덕분에 남은 3일의 일정을 편안히 즐길 수 있었다.

일생생활과 여행이 주는 하루의 의미 차이로 스스로 하루를 즐기는 태도가 달라지는 건 분명하다. 그렇다면 매일의 업무에서 차이를 만들어 내는 사람의 이야기를 보자.

미국 존슨 대통령(Lyndon Johnson)이 NASA에 방문했을 때다. 그는 복도에서 신이 나서 청소하는 청소부를 보고 의아해서 물어봤다.

"청소하는 일이 그렇게 즐거운가요? 그 비결이 뭔가요?"

그랬더니 청소부가 대답했다.

"저는 그냥 청소를 하는 게 아닙니다. 인간을 달에 보내는 일을 돕고 있습니다."

위 이야기의 청소부처럼 자신의 일의 가치를 멋지게 정의 내리는 사람이 몇이나 될까. 오늘 하루에 대한 정의, 내가 하는 일에 대한 정의는 오직 자신만이 내릴 수 있다. 하루라고 다 같은 하루가 아니며, 같은 일을 맡은 사람들이 모두 같은 성과를 내지 않는 것처럼 오늘을 대하는 나 자신의 태도에 달려있는 것이다.

공자는 "아는 사람은 좋아하는 사람만 못하고, 좋아하는 사람은 즐기는 사람만 못하다."라고 했다. 단순히 하루하루 살아가는 것에 의미를 갖기보다 차이를 만들어 내는 인생을 살아보자. 자신의 인생을 진심으로 즐길 줄 알고, 자신의 업무에 가치를 부여하는 사람일수록 하루의 만족도가 클 수밖에 없으니 말이다.

자신이 맡고 있는 일이 하루 인생의 가치를 생산적으로 창조하는 일인지, 아니면 그저 시간을 흘러 보내는 일인지 생각해 볼 필요가 있다. 시간을 흘러 보내는 일이라 생각된다면 생산적인 직업으로 바꾸는 것이 좋겠지만, 쉽게 변경할 수 있는 환경이 아니라면 직업이 아닌 일상생활에서 자신의 삶에 대한 가치를 얻는 활동을 선택해보자.

링컨은 "나는 어제보다 덜 똑똑한 사람은 높이 평가하지 않는다." 라고 말했다. 어제보다는 더 나은 하루, 어제보다 1시간이라도 더 나은 시간을 활용했다면 오늘은 성공한 하루다. 결국 오늘 하루의 차이를 만들어 내는 것은 하루 시간 관리에 있다. 어제와 다른 오늘을 만들어 내고 내 옆에 있는 동료와도 다른 성과를 만들어 내는 것은 오늘 내가 선택한 마음가짐에 달려있다. 결국 변화해야겠다는 자신의 의지가 차이가 나는 하루를 만들어낸다. 당신은 어떤 마음가짐으로 오늘 하루를 시작하기로 결심했는가? 오늘 하루 당신이 가진 최고의 가치를 창조하라.

04 변하고 싶다면 지금 당장 시간부터 관리하라

　유투브 동영상에서 한 시간관리 전문가에 대한 이야기 영상을 본적이 있다. 하루는 시간관리 전문가가 경영학과 학생들에게 강의를 하면서 자신의 주장을 명확히 이해시키기 위해 구체적인 예를 들어 설명했다.

　"자 퀴즈를 하나 해봅시다."

　그는 테이블 밑에서 커다란 항아리를 꺼내 항아리 속에 큰 돌을 하나씩 넣기 시작했다.

　"이 항아리가 꽉 찼나요?"

　"네."

　학생들이 모두 대답했다.

　"정말 입니까?"

교수는 되묻더니 다시 테이블 밑에서 조그만 자갈을 한 움큼 꺼내 들고 항아리에 부었다. 그리고 깊숙이 들어갈 수 있도록 항아리를 흔들었다. 큰 돌 사이에 조그만 자갈들이 가득 차자 다시 학생들에게 물었다.

"이 항아리가 가득 찼습니까?"

"글쎄요"

그는 다시 모래주머니를 꺼내 모래를 항아리에 넣어 주먹만 한 돌과 자갈 사이의 빈틈을 모래로 가득 채운 후에 다시 물었다.

"이 항아리가 가득 찼습니까?"

"아니요."

"그렇습니다."

교수는 물이 담긴 주전자를 꺼내 항아리에 부었다. 그리고 학생들에게 물었다.

"이 실험의 의미가 무엇일까요?"

한 학생이 즉각 손을 들어 대답했다.

"당신이 매우 바빠 스케줄이 가득 찼더라도 정말 노력하면 새로운 일을 사이에 추가할 수 있다는 것입니다."

"아닙니다."

시간관리 전문가는 즉시 부인했다.

"그것이 요점이 아닙니다. 이 실험이 우리에게 주는 의미는…만약 당신이 큰 돌을 먼저 넣지 못한다면 영원히 큰 돌을 넣지 못할 것이라는 겁니다.”

결국 이 이야기가 주는 의미는 중요한 일, 내가 하고 싶은 일을 먼저 하지 않는다면 그리고 그 일을 우선적으로 계획하지 않는다면, ‘언젠가’라는 시간은 없듯이 결국 이뤄내지 못할 것이라는 것이다.

우리는 수많은 계획을 세우고, 수만 가지 해야만 하는 업무와 일들에 제대로 고개를 들 수 없을 정도로 어깨가 무겁다. 하지만, 꼭 해야 하는 일을 하지 않는다면, 또한 시도를 하지 않는다면 중요하지 않는 일들 또는 사소한 일들로 시간이 채워지고 마는 하루를 살게 되는 것이다.

돌, 자갈, 모레, 물을 각자 오늘의 할 일에 비춰 생각해보자.

1. 돌: 오늘 꼭 이뤄야 하는 일이 무엇인가? 오늘 해야 하는 일 중 업무 관련 꼭 끝마쳐야 하는 일이 무엇인가?

2. 자갈: 덜 중요하지만, 끝마쳐야 하는 일은 무엇인가?

3. 모레: 중요하지는 않지만, 해야 하는 일은 무엇인가?

4. 물: 그저 흘러 보내고 있는 시간 중 할 수 있는 일은 무엇인가?

– 출퇴근길이나 친구를 기다릴 때, 스마트폰을 들여다보며 검색을 하고 게임에 빠져있는 시간이 물과 같이 틈새로 채워지는 시간이다. 시간이 없다 해도 결국 채워질 수 있는 시간이 우리가 쉽게 흘러 보내는 시간이다.

오늘 하루를 4가지로 분류할 수도 있지만, 우리의 인생 안에서도 나눠 볼 수 있다. 우리 인생을 들어다 봤을 때 매년 새해계획을 세우고도 끝마치지 못하는 데는 결국 우리가 계속 내년으로 미루고 있는 계획을 우선적으로 어항에 넣어야 하는 "돌"로 여기지 않았기 때문이다. 몇 달 또는 몇 년간 계획해두고서 미루고 있는 일이 무엇인가?

몇 달, 몇 년간 반복해서 계획에 쓰고 있는 이루고 싶은 목표가 무엇인가?

Answer: ___________________________________

결국 이 목표를 오늘 하루라는 어항에 먼저 넣어야 오늘 해야 하는 일들에 우선순위가 밀리지 않고 해나갈 수 있는 것이다.

회사에서 급작스런 야근과 회식이 잦았던 나는 책 쓰기를 계획하면서 시간을 내는 것이 좀처럼 쉬운 일은 아니었다. 시즌 별로 업무강도가 들쑥날쑥 높낮이가 있기는 했지만, 다행히 이 책을 계획할 때는 업무강도가 가장 강한 시기가 아니었다. 종종 야근이 있기도 했지만 몇 주간 계속 야근이 이어지던 시기는 아니었다. 업무를 빠르게 끝내고 눈치를 조금 보다 보면 7시 반쯤 퇴근을 하고 집에 도착하면 9시였다. 집에 도착하자마자 책상에 앉기보다 30분 정도 씻고 저녁을 먹는동안 야구경기를 잠시 본 뒤, 9시 30분쯤 책상에 앉았다. 9시 반 책상에 앉을 즈음이면, 하루의 긴장감과 피로에 잠이 몰려올 때도 많았다. 하지만, 몰입하는 날이면 9시 반부터 새벽 2시 반까지 내가 누릴 수 있는 온전한 나만의 시간이었다. 언제 급작스레 야근과 회식이 소집이 될지 몰랐기에 시간이 주어질 때는 최대한으로 집중력을 발휘해야만 했다.

직장인으로서 자신만의 시간을 갖는다는 건 쉬운 일이 아니다. 직급이 낮거나 또는 올라갈수록 팀의 분위기에 휩쓸려 눈치 보느라 주중에는 자기시간을 갖는 것을 포기해야 하는 일도 다반사다. 하지만, 계속 반복되는 회사생활 안에서 일종의 패턴을 읽을 수 있다.

만약 야근과 회식이 주 5일중 3-4일이 되는 팀일지라도, 꼭 팀원으로서 무조건 다 참석해야 하는 회식이나 야근이 아닐 것이다. 몇 명만 남아서 즐기면 되는 저녁 자리가 되는 날도 있을 것이다. 나를 꼭 필요로 하는 자리인지를 영리하게 파악 하여 시간을 쓰는 것이 현명하다.

처음에는 눈치를 보느라, 또는 회사생활에 있어 당연하다 여기며 주 5일의 4-5일을 회식에 따라가거나 야근에 동참하는 생활을 했었다. 하지만 결국 건강만 나빠지고, 낮 업무에도 효율성이 떨어짐을 느꼈다. 내 체력이 그들을 맞출 만큼 건강하지도 않다는 것을 깨달았다. 그 다음부터 요일 별로 팀장님과 선배들의 업무 강도에 따라 회식이 생기고 없어짐을 경험으로 깨닫게 되었다. 그리고 영리하게 불참을 선언하며 날 위한 시간을 스스로 만들기 위해 노력한 것이다.

누군가는 왜 어울리지 않고 괜히 눈치 보며 빠지려고 하냐고 할 수도 있겠다. 하지만, 한 가지만 말하자면 '날 위한 시간'을 갖지 않는 직장인은 결국 1년 전과 같은 모습으로 1년 후를 맞이하게 된다는 사실이다. 같은 팀, 같은 일을 맡아 안정적으로 일을 하고 싶다는 사람도 있을 것이다. 크나큰 변화도 필요 없고 지금 해오던 일을 계속 편하게 머리 쓰지 않고 하겠다는 사람들도 있을 것이다. 하지만, 생산적으로 하루를 살고 싶고, 매년 조금씩 성장하는 모습을 갖추고 싶다면, 나를 위한 시간을 갖기 위한 노력은 필수이다.

우리는 흔히 결심을 하면서 '내일부터', '다음주부터', '이 일이 끝나고', '겨울부터' 라는 말을 먼저 한다. 하지만 이 말들로 시작하는 사람은 결국 어떤 일도 끝까지 해내지 못한다. 3년 전, 2년 전의 계획이 올해도 계속 들어가는 것을 보면 알 수 있다.

급한 일을 하다 보면 어쩔 수 없이 덜 중요한 일은 미뤄지게 된다. 바쁜 일부터 처리하게 되고, 또 갑작스레 요청이 떨어지는 일을 하다 보면 덜 중요한 일은 미뤄지게 되고, '내일 해야지' '다음 주까지 해야지' 하는 일이 한 달이 지나도 끝마치지 못하고 남아있는 경우가 다반사다.

"내일 할게"

"조금 늦어도 되죠?"

이제는 이런 말들과 멀어져야 한다. 지금 이 순간, 오늘 하루에 변화를 주지 않고서 인생이 변하지는 않는다. 변하고 싶다면 나아가고자 하는 방향을 제대로 알고 가야 한다. 매일 잠들기 전 다음의 시를 읽어보자.

나는 오늘 무엇을 했는가?

− 작가미상

나는 앞으로 아주 많은 일들을 할 것이다. 하지만 오늘 무엇을 했는가?

나는 앞으로 거액을 기부할 것이다. 하지만 오늘 나는 무엇을 기부했는가?

나는 하늘에 저택을 지을 것이다. 하지만 오늘 나는 무엇을 건설했는가?

공상에 빠져 있는 것은 달콤하다. 하지만 꿈만 꾸고 있으면 누가 그 일을 하겠는가?

그렇다. 사람은 누구나 자신에게 물어야 한다.

오늘 나는 무엇을 했는가?

05 시간을 소비하지 말고 투자하라

　각자 하루 계획과 시간 사용법에 대해 지난날들의 자신의 경험과 습관을 통해 자신에게 익숙한 시간사용법이 있을 것이다. 남들이 추천하는 아침형 인간, 새벽형 인간 등의 생활습관을 무조건 따를 것이 아니라는 것이다. 오바마와 부시 대통령의 시간활용 유형에 대한 비교 기사가 있었다. 오바마는 아침 9시쯤 업무를 시작하여 저녁 6시 반까지 일한 후, 잠시 8시 반까지 가족들과 시간을 보낸 뒤 밤 12시 또는 그보다 더 늦은 시간까지 근무를 하는 올빼미형이다. 반면 부시 대통령은 새벽 4시 반에 일어나 6시에 업무를 시작하여 밤 10시에 잠드는 아침형 인간이다. 이 둘을 비교하면서 누구를 더 성공한 인간이라고 할 수 없듯이 자신의 체질에 맞는 생활습관은 따로 있는 것이다.

아침에 일어나는 노력을 수없이 했지만, 지켜내고 있지 못하고 있다면 스트레스를 받을 것이 아니라 나와 맞지 않는 시간사용법임을 인정해야한다. 일어나지 못하는 것에 스트레스를 받을 것이 아니라, 그 일을 완수하기 위해 자신에게 적합한 시간을 찾는 것이 더욱 현명한 방법이다.

피터드러커는 미래를 예측하는 가장 훌륭한 방법은 바로 직접 만드는 것이라고 했다. 결국 내 인생의 미래를 준비하는 가장 현명한 방법은 오늘 투자한 시간, 내가 결정한 하루에 있는 것이다. 원하는 인생의 변화가 있다면, 바라는 모습이 있다면 하루 5분, 10분이라도 조금씩 시간을 투자해야 한다. 자신만이 원하는 인생을 정확히 알 수 있고, 설명할 수 있다. 자신이 정의 내리는 인생이 결국 나의 미래인 것이고, 오늘 내가 투자한 시간이 미래에 현실로 나타나는 것이다.

가수 비가 할리우드 진출을 준비할 때였다. 그는 부족한 영어실력을 보완하기 위해 과외를 받았다. 인터뷰를 앞두고 있었기 때문에, 그는 완벽에 가까운 준비하기를 원했다. 하지만, 과외를 받을 당시 그는 드라마 촬영을 하고 있었고, 콘서트 준비까지 자는 시간이 부족할 정도였다. 하지만 그는 과제를 한 번도 미루거나 못해오는 경우가 없었다. 어떻게 그는 바쁜 스케줄과 버거운 일정 속에서도 시간을 만들어낸 것일까? 그것은 하고자 하는 마음, 해야 한다는 결심 때문이었다. 시간이 날 때마다 그는 과제를 했고, 차안에서 이동하는 시간을 이용하여 인터뷰 연습을 했다. 촬영을 하는 틈틈이 반복해서 중얼거리며 연습을 게을리 하지 않았다.

시간은 주어진 대로 쓰는 것이 아닌 투자하는 것이다. "지금 자면 꿈을 꿀 수 있다. 그러나 지금 자지 않으면 꿈을 이룰 수 있다." 가수 비의 좌우명처럼 말이다. 시간이 부족한 것에 중점을 두지 말고, 무엇을 해야 할지에 무게를 둬야 한다. 시간이 부족한 경우에는 멀티플레이 능력이 자연스레 향상된다. 한정된 시간 동안 많은 일을 해야 하기에 더욱 능숙하게 효율적으로 군더더기 없는 시간활용을 할 수 있는 것이다.

해야 할 일이 많을 때 리스트만 길게 작성을 한다면 의외로 시작하기도 전에 많은 일에 대한 압박감에 쉽게 지칠 수 있다. 하지만, 할일 옆에 각각의 일이 걸릴 예상 시간을 적어 놓는다면 부담을 크게 덜 수 있다. 그리고 그 많은 일들이 의외로 시간이 걸리지 않음에 놀랄 것이다. 해야 하는 일들이지만, 시간이 별로 걸리지 않는 일을 집중적으로 몰아서 해결할 수도 있는 것이다.

해야 할 시간이 부족하다고 느낄 때, 해야 할 시간을 만들어 내는 방법은 매일 같은 시간 할 일을 정해놓고 시작하는 것이다. 퇴근 후, 30분 동안 씻고 정리하고 바로 앉아 해야 할 일을 마무리한다던지 아니면 퇴근하고 나서 바로 근처에 있는 카페에 자리 잡아 하고자 하는 일을 마치고 집으로 돌아오는 것도 방법이다. 집으로 돌아오는 길에 피로감이 조금 더 쌓이거나, 저녁을 먹은 후 거실 소파에 앉다보면 자신도 모르게 잠들어 버려 계획한 일을 못하게 되는 불상사를 차단해 버리는 것이다.

회사에서 진급시험을 준비할 때였다. 시험을 2주 앞두고 팀에서는 진급시험 준비를 하라고 7시쯤 일을 마치고 일찍 퇴근하도록 배려해줬다. 처음 며칠은 집에서 공부할 계획을 세웠다. 하지만, 곧바로 집으로 돌아와 밥을 먹고 잠시 쉬다 보면 어느새 10시가 다 되어감을 느꼈다. 집에 돌아가면 막상 시험공부보다 눈에 띄거나 생각나는 설거지나 빨래 같은 집안일이 눈에 띄어 1-2시간이라는 시간을 그저 흘려보낸 것이다. 그리고 10시쯤 피곤한 마음에 책상에 앉으니 잠이 몰려와 집중을 얼마 하지 못하고 잠이 들어버렸다. 이틀을 그렇게 시간을 보내고 난 후 환경을 바꿨다. 공부할 거리를 챙겨 들고 출근해서 퇴근 후, 회사 근처에 있는 카페에 앉았다. 되도록 회사 사람들이 잘 다니지 않는 곳에 자리를 잡고 그때부터 먼저 시험공부를 하고 집으로 들어갔다. 그제야 시험공부를 우선으로 남은 기간 동안 집중해서 할 수 있었다.

운동도 마찬가지였다. 집 근처 피트니스 센터에 등록을 하고 규칙적으로 운동 할 것을 계획했으나, 집에 오는 시간이 1시간이 넘게 걸리다 보니 퇴근하기 전 가졌던 운동 계획이 시들해졌다. 그리고 집에 오는 시간 동안 피로가 쌓여 집에 도착한 후 다시 밖으로 나가는 것이 좀처럼 쉽지 않았다. 그래서 회사 아래 있는 피트니스 센터에 등록한 뒤, 퇴근 후 먼저 운동을 하고 씻고 집에 가는 것으로 계획을 바꿨다. 회사근처에서 하다 보면 회사동료와 함께 운동을 하는 계획도 세울 수 있고, 실천을 미루고자 하는 마음이 조금 줄어들다 보니 스스로 한 약속을 미루는 날을 눈에 띄게 줄일 수 있었다.

이렇듯 무언가 계획하여 하고자 할 때, 계획했던 대로 되지 않고 미루고 있다면 계획했던 일을 우선적으로 끝마치는 습관을 들여야 한다. 시간 관리에 가장 중요한 것은 매일 꾸준히 실천하는 것에 달려 있다. 계획만 세우고 하루는 실천하고 하루는 미루고 한다면, 하루 미룬 것이 결국에는 삼일, 일주일 미뤄져 계획이 흐지부지 되고 마는 것이다.

바쁜 시간 속에서도 시간을 쪼개 쓰는 사람들이 있다. 하고자 하는 의지가 결국 사용할 수 있는 시간을 만들어 내는 것이다. 결국 시간도 투자와 같다. 사람들이 돈을 모아야 한다고 하면서 모으지 못하는 이유는 바로 눈앞에 돈을 쓸 곳에 먼저 돈을 지출하기 때문이다. 다 쓰고 나서 남은 돈으로 저축을 하려고 하니, 결국엔 돈을 모으는 것도 미뤄지게 되는 것이다. 월급의 일정부분을 먼저 떼어내어 투자처에 쓴다면 결국 이룰 수 있는데 말이다.

시간도 마찬가지이다. 하루 24시간 중 내가 스스로 변화를 만들어 내고자 하는 시간이 있다면, 규칙적으로 반복할 수 있는 시간을 만들어 실

천해보자. 출근 시간 30분, 퇴근 후 지하철에서 책 꺼내 읽기, 영어 동영

상 보기 등 조그만 실천이 습관이 되어 결국 변화를 이룰 수 있다.

해야 할 일들의 리스트에 압도되지 말고, 각 일의 예상시간을 적어놓자

✓ ______________________ (예상시간 :   분) (실제 소요시간 :   분)

✓ ______________________ (예상시간 :   분) (실제 소요시간 :   분)

06 인생을 어떻게 살아가고 싶은가

고민 상담을 들어주다 보면 자주 듣는 말 중 하나가 "제가 할 수 있을까요?" 라는 말이다. "저는 이게 부족하고 저게 부족한데, 그래도 꿈은 이루고 싶습니다. 그런데 제가 할 수 있을까요?"라는 말이다. 이런 고민을 10번 넘게 듣다 보면 고 정주영 회장의 말인 "해보기나 했어?" 라는 말을 건네주고 싶다. 하고 싶다는 목표가 있다면 그리고 하고 싶은 열정만 있다면 어떤 상황에서도 해낼 수 있는 게 사람의 의지이다.

영화《행복을 찾아서》에서 주인공인 윌 가드너가 아들에게 해주는 조언이 있다.

"누구도 너에게 '넌 할 수 없어'라고 말하는 것을 허용하지 마. 그게 나

일지라도. 알겠니?"

"네."

"네게 꿈이 있다면, 너는 그걸 지켜야 돼. 사람들은 자기가 할 수 없는 걸 너에게 '넌 할 수 없어'라고 말하고 싶어 하니까. 원하는 게 있다면 가서 쟁취해."

오늘 하루를 잘 보내고 싶다면 어떤 인생을 살기를 원하는지에 대한 확고한 목표와 의지가 필요하다. 하루를 자신의 의지로 사는 사람은 결국 자신의 인생의 주인이 되고, 남의 지시로 사는 사람은 다른 사람의 시간에 움직이게 되는 것이다.

"진창에서 허덕일 것인가 꽃처럼 활짝 피어날 것인가는 언제나 당신 손에 달려있다. 당신의 삶에 가장 큰 영향을 끼치는 단 하나의 존재는 바로 당신 자신이기 때문이다."

타임지 선정 21세기 가장 영향력 있는 인물이며 포브스 선정 '세계에서 가장 영향력 있는 인물 100인'으로 선정된 오프라윈프리가 《내가 확실히 아는 것들》에서 들려준 이야기 이다. 그녀가 태어난 1954년만 해도 인종차별이 심한 때였다. 미국 남부 미시시피 주 가난한 흑인 가정에서 사생아로 태어난 그녀는 여섯 살 되던 해 할머니 손에서 자라게 된다. 아홉 살 되던 해 사촌오빠에게 성폭행을 당하고 그 이후에도 친척들에게 성적 학대를 당하게 된다. 그리고 14살이 되던 해 그녀는 임신을 하고 2주 만에 아이를 잃게 되자 그에 대한 충격으로 가출과 마약중독에 빠졌다. 끝이 보이지 않는 불우하고 어두운 시절을 보낸 그녀였다. 하지만 그녀는 계속 무너지는 인생을 살며 주어진 환경을 비난하기보다 스스로 인생을 선택하여 일어서기로 결심했다. 스스로의 의지로 인생에 변화를 가져와 지금의 모습으로 크게 성장할 수 있었던 것이다.

성공을 위한 가능성을 깨우는 것은 환경도 다른 사람도 아닌 자기 자신이다. 아무리 좋은 선생과 부모라는 좋은 환경이 있어도 자기 자신이 변화고 성장하고자 하는 의지가 없다면 변화란 일어날 수 없는 것과 같다. 모든 사람이 정형화된 인생을 살 수가 없고 모든 사람들의 성공방식이 같지 않은 것만 봐도 알 수 있다. 성공한 사람들이 성공을 이뤄내는 방식은 너무나 다양하다. 유학을 떠났지만 모든 학생들이 다 성공적인 유학생활을 보내지 못하는 것과 같다. 그리고 높은 경쟁력을 뚫고 어렵게 입사를 했지만 1년도 안되어 회사와 맞지 않음을 느끼고 퇴사를 선택하는 것도 결국 자신에게 맞는 성공의 방식이 있기 때문이다. 남들이 말하는 기준의 성공은 내 성공이 아니다. "삶을 이끄는 것은 당신 자신이다." 오프라 윈프리의 말이 그녀의 삶의 의지를 보여준다.

우리는 태어나는 시점부터 많은 사람들과 같은 출발선에 위치한다. 누구의 인생이 맞고 틀리다는 말은 할 수 없다. 사람들마다 각자의 인생이 있고, 각자 사는 방식이 있다. 어떻게 인생을 살지는 각자의 선택에 달려있다. 그리고 그 선택은 각자 지니고 있는 가치관에서 나오는 것이다.

'생각대로 살지 않으면 사는 대로 살게 된다.' 나에게 인생 좌우명과 같은 말이다. 현실의 환경이 주어진 대로 인생을 살게 되면 틀 안에 갇혀 살게 된다. 현실에 주어진 대로 의지 없이 인생을 살고 싶은가? 주어진 현실에 만족하는가?

자신의 의지대로 인생을 설계하고 목표를 이룬 사람이 있다. 수많은 좌절 앞에서도 '생각대로 살지 않으면 사는 대로 생각하게 된다.'의 말 그대로 목표로 했던 많은 생각들을 모두 현실로 이뤄낸 《김밥 파는 CEO》의 저자 김승호 대표이다. 그가 소유한 기업의 매출이 연간 3,500억 원에 달하고 현재 미국 24개 주 진출, 진출 국가 11개, 총 매장 1,215개를 보유한 전 세계에서 가장 큰 도시락 회사를 보유하고 있다.

그는 이제까지 그가 이뤄온 많은 수많은 성공들은 그가 생각한 대로 이뤄왔다고 말한다. 그는 자신의 성공의 법칙으로 '매일 100번씩, 100일간 상상하고, 쓰고, 외쳐라!' 라고 대답한다. 김승호 대표는 목표를 시각화 하는 걸 습관화했던 사람이다. 그가 '미국 전역에 300개의 매장과 일주일 매출을 100만 달러'를 목표로 했을 때 액자에 목표를 글로 써서 벽에 걸어 놓거나 목표에 맞는 이미지를 만들어 포스터처럼 제작하여 걸어놓았다. 그는 개인적으로나 일적으로 새로운 목표가 생길 때마다 목표를 이루기 위해 매번 첫 번째 의식으로 이 방법을 실행한다고 한다. 그가 현재 본사 사옥을 구매할 때도, 매매 대금을 마련하기도 전에 아침 일찍 건물에 들러 사진을 찍어다가 '우리 회사 미래 사옥'이라고 크게 확대해서 붙여놓았다고 한다. 그리고 지금 그 건물에서 그의 직원들이 근무를 하고 있다. 그의 목표 성취는 아침에 남몰래 찍은 사진 한 장에서 비롯된 것이었다.

당신은 오늘 하루를 불만을 이야기하며 변하지 않는 현실만을 바라볼 수 있다. 하지만, 오늘 당신이 변화를 가져 오고자 한다면 오늘은 남은 생의 첫날이라는 생각을 가져야 한다. 인생을 살다 보면 뜻대로 되지 않는 일이 많을 것이다. 하지만, 안 좋은 일이 일어날 때마다 현실을 비관적으로만 바라본다면 상황이 개선되기보다 멈춰 서게 된다. 그러므로 변화를 이끌 수 있는 행동으로 계속 마음을 고쳐야 한다.

매일을 기회로 생각하며 살아가는 사람과 매일을 그저 그런 하루, 바뀔 수 없는 하루로 바라보는 사람의 차이는 클 수밖에 없다. 이제 우리는 80세를 넘어 100세 시대에 살고 있다. 아무리 80세까지 산다고 해도, 30대, 40대에 가지는 직업이 정년까지 가는 경우 또한 줄어들고 있고 50-60대 정년을 맞이하고 그때부터 새로운 직업과 인생이 시작되기도 하는 것이다.

그 어떤 것도 내 인생을 보장해주지 못하는 현실 속에서 다양한 직업을 갖고 변화를 가져야 하는 삶을 기회로 여기는 사람이 있고, 위기로 여기는 사람이 있을 것이다. 하지만, 그 모든 것이 위기가 될지 기회가 될지는 오프라 윈프리의 말처럼 '삶을 이끄는 당신의 선택'에 달려 있다.

"행동하지 않으면 의심과 두려움이 생긴다. 행동하면 자신감과 용기가 생긴다. 두려움을 극복하고 싶다면 방에 앉아 생각하지 마라. 밖으로 나가 바쁘게 돌아다녀라." 데일 카네기의 말처럼 결국 어떻게 인생을 살고 싶은지에 대한 그림이 명확히 그려졌다면 다음은 행동하는 것이다.

회사생활을 하다 보면 주위에 휘둘릴 수밖에 없는 일들이 많다. 하지만 내가 어떻게 행동을 하느냐에 따라 상대방이 나를 대하는 대도가 달라지는 것은 무시할 수 없다. 나를 좋아해주고 지지해주는 사람들과 일을 하고 함께한다면 그보다 더 좋은 복도 없을 것이다. 하지만, 다양한 가치관이 존재하는 사회생활을 하다 보면 나와 맞지 않는 사람과도 어쩔 수 없는 '조화'를 이뤄야 할 때가 있다. 맞지 않은 사람과 항상 부딪히며 사는 것을 선택할 수도 있지만, 유연하게 상대방의 성격을 이용할 수도 있을 것이다. 무조건 자신만의 색깔을 나타내는 것보다 함께 생활하기에 녹아드는 성격이 회사생활에서는 현명한 방식이기 때문이다. 일에서도 사람과의 관계에서도 결국 내가 어떻게 인생을 살아가고 싶은지에 대한 뚜렷한 생각이 있다면, 원활히 현명하게 풀어나갈 수 있다. 오늘의 당신의 생각이 당신의 인생을 만든다. 유연한 선택으로 현명하게 인생을 즐겨보자.

Q. 어떤 인생을 살고 싶은가? 인생에 대한 뚜렷한 목표가 있는가? 원하는 모습, 이루고자 하는 목표를 아래에 적어보자.

✓ 1년 후

✓ 3년 후

✓ 5년 후

위에 작성한 목표를 명확히 마음속에 그리기 위해 원하는 이미지와 함께 목표를 편집하자. 매일 그리고 하루에도 여러 번 목표를 들여다보며 외면하지 않아야 꿈에 더욱 가까워 질 수 있다. 오늘 내가 그린 꿈이 결국 내 인생이 된다.

07 시간은 돈과 같다

매일 아침 당신의 통장에 86,400원이 입금된다. 입금된 금액은 당일이 지나면 모두 사라진다. 내일로 사용을 미룰 수도 없고, 어제의 돈을 가져올 수도 없다. 당신이라면 어떻게 사용하겠는가? 물론 그날 입금된 금액 모두를 인출해 써버릴 것이다. 86,400원이 적은 돈이라 생각할 수 있겠지만, 우리는 어떻게든 그 돈을 다 쓰고자 노력할 것이다. 이 질문을 지인들에게 똑같이 물어보고 재미있는 대답을 들었다.

"매일 통장에 86,400원이 입금된다면 무엇을 할 것입니까?"

- 스타벅스 커피 3잔 1만 5천원, 세끼식사 3만원 나머지는 책 사기

- 어머니께 드리거나 마사지 받기

- 책 사서 카페에서 읽거나 친구들과 영화보고 시간 보내기

- 맛있는 것 먹거나 뮤지컬 보러 다니기

- 1만원 가족들을 위해 저축, 2만원 책 사기, 3만원 기부하기, 나머지는
  식사와 맥주

대부분 대답이 그날 써야 한다는 것에 초점을 맞춰, 그날 느끼는 만족감에 중점을 둬 돈을 쓰는 것을 계획한다. 하지만, 하루 주어지는 24시간, 86,400초의 시간도 각자 주어진 시간에 얼마의 가치를 부여하느냐에 따라서 서로 다른 결과를 얻어낼 수 있는 것이다. 만약 이 8만 6천원으로 8억 6천만 원의 가치로 키워 인생을 사는 사람이 있다면 어떨까?

여자 친구에게 빌붙어 살며 꿈도 없고 직업도 없이 지내던 25세 백수인 카일 맥도널드는 집을 갖고 싶은 꿈이 있었다. 하지만 이력서를 보내고 취업활동을 해도 그에게 직업을 구하는 것은 쉽지 않았다. 어느 날 그는 집에 굴러다니는 빨간 클립을 보고 엉뚱하지만 재미있는 생각을 떠올린다. '이 클립이 나에게 쓸모가 없지만, 누군가에게 필요할지 몰라.' 그리고 어렸을 때 하던 'bigger or better(더 크거나 더 나은 물건과 교환하는 게임)' 놀이를 생각하게 된다. 그는 온라인 물물교환 사이트에 올리고 내가 가진 것보다 더 크거나 더 좋은 것을 교환하고 싶다는 취지를 블로그에 포스팅하여 최종적으로 집을 가지고 싶다는 이야기를 쓴다.

그는 누군가는 재미있게 참여하는 사람이 있을 것이라는 기대와 희망으로 물물교환을 시작했다.

처음에 사람들은 빨간 클립으로 시작해 최종적으로 집 한 채를 갖고 싶다는 그의 꿈을 우습게 여겼다. 하지만, 그 비웃음은 결국 현실이 되었다. 2005년 7월 처음 빨간 클립을 물고기 펜과 바꾸게 되었고, 물고기 펜은 문고리로, 문고리는 캠핑 스토브와 교환되었다. 캠핑 스토브는 해군 장교가 가지고 있던 휴대용 발전기로 교환되었고, 발전기는 파티세트로 파티세트는 스노우 모빌 한대로 교환되었다. 인터넷에서 유명인사가 된 카일은 캐나다 방송국과 취재를 하는 도중에 야크로 가는 여행권과 스노우 모빌을 바꾸게 되었고, 야크여행권은 큐브 밴 한대, 큐브밴 한대는 음반계약서로 교환되었다. 그리고 음반취입계약서는 록스타 앨리스 쿠퍼와 오후를 보낼 수 있는 기회로 바뀌었고, 이것은 스노우 볼로 교환이 되고, 스노우 볼은 영화 출연권으로 교환되었다. 그리고 마지막으로 2006년 7월 12일 영화 출연권은 집 한 채로 바뀌게 된 것이다.

그의 도전은 무모했지만 결국 성공했다. 상식적으로 생각을 한다며 처음의 빨간 클립이 집 한 채와 교환이 되는 것은 불가능해 보였지만, 결국 가치를 알아보고 기꺼이 교환하고자 하는 사람들에 의해 이 모든 것이 가능했다. 처음엔 누가 함께 참여할까 반신반의 했지만, 함께 뜻을 같이해주는 사람들이 있었던 것이다.

스스로 의미를 부여하면 가치가 생기고 또 그 가치를 알아보는 사람에게는 더 없이 소중한 것이 되듯이 '시간'이라는 개념도 마찬가지다. 매일 똑같이 우리에게 주어지는 시간이며, 내일로 미룰 수도 어제의 시간을 가져와 쓸 수도 없다. 지금 내가 가진 시간동안 어떤 가치를 창출할지는 자신의 선택에 달려있는 것이다. 나의 한 시간을 클립과 같이 없어지고 마는 일회용품으로 생각하는 사람도 있지만, 연인 또는 소중한 사람과의 10분, 1시간처럼 더없이 소중한 시간으로 여기는 사람이 있다. 결국 부여하는 의미에 따라 가치가 달라지는 것이다.

어떤 사람은 하루 86,400초의 시간은 8만 6천 원 만큼만 쓰는 사람도 있고, 어떤 사람은 86,400초의 시간을 8억 6천만 원에 달하는 가치로 바꾸어 사는 사람이 있다. 그 차이는 얼마만큼 오늘 하루에 집중을 하고 생산적으로 인생을 사느냐에 달려있는 것이다.

직장생활만 하는 뻔한 하루라고 해도 오늘 빈둥빈둥 거리며 업무시간을 보낸 사람과 계약 한 건을 성약한 사람이 느끼는 하루 가치는 다르다. 시간의 가치를 확실히 느낄 수 있는 것은 영업을 하는 사람의 하루를 들여다보면 더욱 알 수 있을 것이다. 영업사원의 하루 성과는 오늘 하루 계약한 건에 따라서 달라질 것이다. 오늘 얼마나 많은 문을 두드리고 사람들을 만나 설득했느냐에 따라서 계약건수와 자신의 성과가 달라지기 때문이다. 회사에서 정해진 월급을 받는 사람들과는 달리 그들은 하루, 한 달간의 성적에 따라 한 달 수입이 달라진다. 그들에게 하루의 가치에 대한 수입에 대한 인식은 더욱 강력하게 와 닿을 것이다. 거절당할 것이라고 생각하고 두려움에 머뭇거리며 대충 시간을 보낸 사람과 한건이라도 달성하기 위해 고객과의 만남에 노력을 기울이는 사람의 시간의 가치는 다를 수밖에 없다.

시간 관리를 잘한다는 것은 목표한 바에 대한 성취도가 높다는 것이고, 목표관리를 잘하는 사람은 결국 자기 관리를 잘 하는 사람이다. 시간 관리를 잘하는 사람은 목표관리를 잘하는 사람이다. 우리는 이 시간을 제대로 사용하고 있는 것일까?

"어떤 사람들은 이미 25세에 죽어버리는데 장례식은 75세에 치른다." 벤저민 프랭클린의 말처럼 죽어있는 인생을 살 것인지 살아있는 인생을 살지는 당신의 몫이다. 대학을 졸업하고 취직을 하면 대부분 프랭클린의 말처럼 25-30세부터 죽어있는 인생을 사는 사람들이 있다. 인생에 구체적인 목적이 없이 더 이상 변화를 꿈꾸지도, 또한 꿈이라는 단어가 사치라고 느끼는 인생을 사는 사람들이다. 목적이 없는 그들은 그때부터 75세까지 죽어있는 인생을 사는 것이다. 인생의 목적 없이 비전 없이 인생을 살지 마라. 목표와 비전 없이 인생을 사는 순간, 당신의 인생은 죽어있는 것과 같다.

08 일주일은 인생 전체의 축소판이다

일주일이 왜 7일인지 생각해 본 적이 있는가? 고대 로마에서는 8일마다 같은 요일이 돌아온다고 생각을 하였고, 한국, 중국, 이집트, 프랑스에서는 10일을 일주일이라 여겼다. 일주일이 7일이 된 것은 유대인들에게서 비롯된 것이다. 고대 바빌로니아인들과 유대인들은 하느님이 6일 동안 세상을 창조하고 7일째는 안식의 날로 정했다고 믿었기 때문에 종교적인 이유에서 일주일을 7일로 삼아 생활했다고 한다. 처음엔 지금과 같은 월요일, 화요일이 아닌 제1일, 제2일 순서대로 부르다가 5개의 행성과 해와 달을 더하여 현재와 같은 월(달), 화(화성), 수(수성), 목(목성), 금(금성), 토(토성), 일(태양)의 뜻을 가진 것이라고 한다.

일주일은 인생 전체의 축소판이라 한다. 처음 유대인들이 완벽한 한 주의 단위를 7일로 나눈 데는 그것이 인생처럼 새로이 시작을 하고 마무리를 할 수 있는 시간이라고 생각했기 때문이다. 결국 새로 시작할 수 있는 기회를 우리는 매주 얻는 것이다.

결국 인생의 축소판인 일주일을 성공적으로 관리하여 산다면, 성공적인 인생을 사는 것과 같다. 성공적인 인생이란 인생에서 중요하다고 여기는 것들을 균형 있게 조화를 이루며 사는 것을 말한다. 사람들이 인생에서 균형을 갖고자 하는 대표적인 것이 일, 가족, 건강, 여가활동, 친구, 성장 6가지이다. 일주일 동안 이 6가지를 균형 있게 조화시킬 수 있다면 성공적인 인생을 사는 것이다.

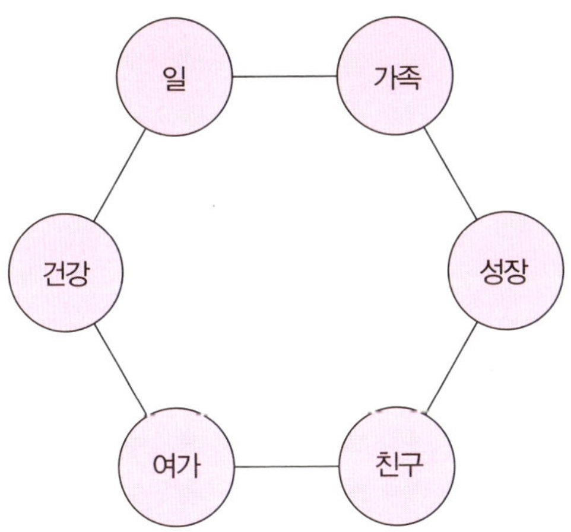

프로젝트별로 큰 그림을 그리기엔 월간계획표가 유용하고 하루를 탄력적으로 사용하기에 일일계획표가 좋지만, 위의 여섯 가지의 균형을 맞추기에는 주간계획표가 가장 유용하다. 주간 계획표는 인생의 중요

한 가치를 우선순위에 맞게 시간을 잘 배분하여 여유롭게 시간을 활용할 수 있고 또 투자할 수 있기 때문에 강약을 조절하며 살 수 있다. 또한 방송 프로그램 주간 편성표도 한 주의 시작과 끝에 하는 방송 프로그램의 성격이 다르듯 현명하게 해야 할 일들에 색을 입히는 것이 중요하다.

주간 계획표가 월간 계획표나 일일 계획표보다 용이한 또 다른 점은 인생을 효율적으로 관리할 수 있다는 것이다. 앞서 말했듯이 한 주는 인생 전체의 축소판이듯, 가장 유기적으로 시간을 계획할 수 있는 점이 장점이다.

한 주를 성공적으로 관리하는 방법은 무엇일까? 그것은 주간 플래너를 이용하는 것이다. 한 주를 바라보면, 예상되는 야근업무의 정도와 거래처 미팅 등의 사이에서 스스로 해야 하는 일을 조율할 수 있기 때문이다. 하루만 들여다보는 것은 나무만 들여다보는 것과 같다. 드라마도 한 일화만을 시청하는 것이다. 하지만, 일주일의 계획을 들여다보면, 월/수/금 정해진 운동계획도 업무 스케줄에 따라 효율적으로 화/수/금으로 변경함으로써 예측 가능하고 스스로 통제할 수 있는 인생을 살 수 있는 것이다.

주간 플래너를 작성하는 방법은 간단하다. 주간 플래너는 책상 앞이나 키보드 앞에 둘 수 있는 용도를 선택한다. 그리고 일주일 7칸이 있는 것보다, 한 주간해야 할 일들을 기입할 수 있는 8칸이 그려져 있는 것을 구입한다.

　먼저 한 주를 단순히 7일로 나누는 것에 더해 오전 / 오후/ 저녁 시간으로 세분화 한다. 그 다음 정해져 있는 약속을 적는다. 그리고 매주 반복되는 요일 별 업무나 회의가 있다면 빠짐없이 기입을 한다. 시간대별로 오전/ 오후/ 저녁의 시간대로 세분화 하여 어느 시간대에 약속이 있는지 일주일을 정확하게 예상 가능할 정도로 시각화 하는 것이다. 오른쪽 한편에는 이번 주가 마감인 사안과 해야 하는 일들을 적어놓는다. 마감 기한이 정해져 있는 경우에는 그 전에 언제까지 마무리를 해야 하는지 하루에 얼마 정도의 일을 마무리해야 하는지 계획을 세울 수 있다. 되도록 한 면에 이 모든 것이 들어오는 플래너를 사용해야 유용하다.

　오전 / 오후 / 저녁시간까지 세분화 하는 것에 "이렇게까지 세분화 할 필요가 있을까?"라고 질문을 할 수 있다. 하지만, 우리가 항상 말하는 '-뭐 할 시간이 없다'라고 이야기 할 때 정말 시간이 없어서 못하게 된 건지 아니면 시간이 주어졌는데도 흘려보낸 시간인지 스스로 점검할 수 있다.

　하루 24시간이 부족하다면서 일주일 24시간 × 7일, 168 시간 동안 책한 권을 못 읽고, 운동 할 시간이 없고, 외국어 공부할 시간이 없다는 것이 핑계일 뿐인지 스스로 점검할 수 있기 때문에 유용한 방법이다. 그리고 생각보다 멀티태스킹 하는 것이 쉽지 않은 사람들이 있다. 그들이 현명하고 여유 있게 업무를 처리하기 위해서는 급하게 해결해야 하는 일과 급하지 않지만 잊지 말고 시간 내에 해야 하는 일을 구분할 수 있는 좋은 방법이 되는 것이다.

시간	월	화	수	목	금	토	일	해야할 일
9시~12시	아침회의	시황 분석	자료취합 송부	거래처 전화하기	계약서 검토	운동 영어모임	운동 서점	책 1권 읽기
1시~6시	프로젝트 진행사항 검토	시황회의 Offer 검토 voucher 송부	A사방문 Offer 제출	자금계획 실적검토	B프로젝트 검토 진행사항 보고	약속	쇼핑 집안일	
퇴근 후/저녁	운동	회식	영화약속	운동	저녁약속	책읽기	책읽기 휴식	

위와같이 작성을 하면 이번 한 주가 조금 더 집중을 요하는 한 주인지, 아니면 여유를 가질 수 있는 한 주인지 알 수 있다. 특히나 회사의 업무 때문에 자신을 위한 시간이 부족하다 느끼는 경우에는 주간 플래너가 더욱 유용하다. 예측 가능한 업무를 제외하고 주어지는 시간을 현명하게 사용을 할 수 있기 때문이다. 막연하게 '시간이 없다'라고 느꼈던 한 주에서 그래도 무엇을 할 수 있는 시간이 보이기 때문이다.

만약 저녁 운동을 계획했었다면, 주간 플랜을 보며 몇 번을 지키지 못하게 되는지 그 대신 다른 요일에 대안할 수 있는 방법에 대해 찾을 수 있다. 팀 회식이나 거래처 회식이 정해져 있다면, 미리 업무를 마감할 수도 있고 업무강도도 조율할 수 있는 노하우가 생긴다. 주간플래너를 작성하며 업무 탄력성을 가질 수 있다.

　연예인들만 스케줄 관리를 타이트 하게 관리하는 것이 아닌, 직장인들에게도 너무나 필요한 시간관리 법이다. 특히나 주간 플래너를 사용하면 앞에서 언급한 일, 가족, 건강, 여가활동, 친구, 휴가 6가지에 대한 시간 관리를 효율적으로 할 수 있다. 가족들이나 친구들과 주중에 바쁜 업무로 시간을 보낼 수가 없었다면, 주말에 시간을 할애하도록 노력을 하고, 주중에 운동을 하거나 휴식을 가질 시간이 없었다면, 주말시간에 더욱 활용하는 것이다. 또한 주중에 하루 종일 야외활동을 할 계획이라면 주중에 책 읽는 시간을 갖는다든지 시간을 조율하는 것이 현명한 방법이다. 결국 일주일을 관리하는 것이 모든 목표와 욕구를 충족시켜주는 최고의 방법이 되는 것이다.

　주간 계획표의 또 다른 장점은 정해진 업무나 프로젝트를 기안 안에 할 수 있도록 돕는다는 것이다. 1차 계획 기간 안에 일을 못 마쳤더라도 한 주가 끝나기 전인 목요일이나 금요일에 일을 끝마칠 수 있는 대체 시간을 찾을 수 있다. 또한 업무량이 많은 경우에는 연속적으로 야근을 하기 보다는 건강에 무리가 가지 않도록 시간을 조율하고 갑작스레 생기는 약속도 스스로 절제할 수 있도록 도와준다.

　주5일을 정신없이 보내 컨디션이 안 좋을 경우는 주말의 일정을 최소화 하거나 단순화 하여 확실히 쉴 수 있는 시간을 마련하는 것이 좋다.

주간 계획표를 사용하여 일주일을 관리하는 것은 정신적으로 육체적으로 양면을 동시에 관리할 수 인생을 관리할 수 있는 현명한 방법이다.

일주일 중 미래를 준비하는 시간이나 자신을 위해 쓰는 시간이 없다는 것은, 내 인생 안에서 나를 위해 쓰는 시간이 없다는 것이다. 일주일 안에서도 시간을 만들어 낼 수 없는데 어떻게 시간을 낼 수 있을까?

주간 플래너를 작성하면서 실제 자신이 사용하고 있는 한 주 168시간을 철저히 분석해 보자. 168시간 중 가족이나 친구와 보낼 시간은 얼마인지, 책 1권 1시간을 읽을 시간이 정말 없었던 한 주 이였는지, 내 자신을 위한 성장의 시간은 얼마였는지 기록하는 습관을 들일수록 내 인생을 컨트롤하는 주인의 삶을 살게 될 것이다. 인생을 관리하고 싶다면, 인생의 통제권을 갖고 싶다면 일주일 관리부터 시작하라. 변화의 시작이다.

당당한 거절로
당신의 '때'를
창조하라

01 거절을 못하면 인생이 낭비된다

사람들이 시간이 부족한 가장 큰 이유는 '거절'을 제때하지 못했기 때문이다. 세상에 가장 강력한 시간관리 도구는 "아니요"라는 말 한마디라고 한다. 각자 자신이 원하는 계획대로 하루를 끝마치지 못한 이유를 들면 수많은 유혹과 계획에 없던 일들이 많이 발생해서 일어나는 일들이 많다. 하지만, 우리가 제때 거절을 했으면 많이 누릴 수 있는 것이 결국 시간이다.

누군가의 부탁이나 요청을 거절할 때 관계가 어긋날까 두려워 결국 고민하며 망설이다 상대방의 요청을 들어줄 때가 있다. 하지만 그런 걱정과 두려움도 결국 지나고 보면, 꼭 들어줘야 하는 부탁이나 참석해야 하는 모임이 아니었음에 실망했던 경험이 있을 것이다.

원하는 대로 인생을 살고 싶다면, 원하는 대로 시간을 쓰고 싶다면 결국 거절에 익숙해져야 하고 능숙해져야 한다. 건강을 생각해서 운동을 위해 갑작스런 회식의 자리나 친구의 부름을 거절할 수 있어야 하고, 승진시험이나 자격증 시험을 앞두고 과도하게 주어지는 업무도 때로는 동료와 조절할 수 있어야 한다.

지금까지 잃어버리고 손해 본 시간의 절반은 거절하지 못해 생긴 것이다. 원래 계획한 일을 뜻대로 마무리하지 못하고, 작심삼일에 그칠 수밖에 없었던 그 모든 계획들도 마찬가지 이유이다. 거절이 어려워 마지못해 상사나 동료의 부탁을 들어주다 정작 자신의 일을 제때 끝마치지 못하고 야근한 적이 있지 않은가? 내일까지 끝마쳐야 하는 일이 있는데도 친구의 부름에 거절하지 못하고 불려나가 시간을 할애하고 결국 해야 하는 일을 끝마치지 못한 적이 있지 않은가? 결국 사람들이 거절을 하지 못해 시간을 제대로 관리하지 못하는 것이다.

누구의 탓도 해서는 안 된다. 누구나 자신의 시간을 지킬 권리, 'no'라고 말할 권리를 갖고 있다. 마음에도 없이 상대의 눈치를 보며 시간을 내어주는 삶을 살지 말고, 자신의 시간을 뜻대로 사용할 권리를 되찾아 자신 있게 거절하며 삶을 변화시켜라. 당신의 인생은 오늘의 거절에 의해 바뀌게 될 것이다.

그렇다면 각자 상황에 맞는 효과적인 거절 방법은 무엇이 있을까? 어떤 방법으로 거절의 힘을 키워 내 삶의 변화를 이끌어 낼 수 있을까?

● 거절하면 행복해진다

우리는 살면서 무리한 부탁을 받아본 경험이 누구에게나 있을 것이다. 특히나 상하관계가 분명한 직장생활을 하면서 다른 사람의 일이 내 일이 되는 경우도 많다. 한동안 유행했던 직장인들의 애환을 그린 드라마《미생》을 보면 신입사원 한석률이 선배가 자연스레 넘기는 일에 결국 자신의 일을 뒷전으로 미뤄야 하는 에피소드가 있다. 선배는 자연스레 자신의 일까지 도맡아 하는 것이 신입사원입장에서 일을 빨리 배울 수 있기에 좋은 기회라고 핑계를 대며 당연스레 일을 넘겼다. 하지만, 한석률은 선배가 개인적인 용무를 위해 단지 일을 자신에게 미룬다는 것을 알면서도 뚜렷이 대응하지 못했다. 뛰는 후배 위에 나는 선배 있다고 거절하려는 한석률의 요청은 받아들여지지 못한 것이다.

이 사례는 선후배뿐만이 아닌, 상사와의 관계, 동료와의 관계에서도 흔히 일어나는 일이다. 하지만, 정도가 지나친 업무 떠넘김은 선을 긋고 적절히 거절할 수 있어야한다.

스스로 시간을 선택할 권리가 있고, 어떤 일이 주어졌을 때 자신의 일을 우선시하고 우선순위에 따라 업무를 수행할 권리가 있다. 내가 기꺼이 하고 싶은 일인지, 나에게 도움이 되는지, 내가 그 일을 원하는지 안 원하는지, 중요한 일인지 안 중요한 일인지 스스로 판단 할 수 있어야한다. 물론 회사생활에서는 무조건 해야 하는 일이 있다. 하지만 무엇을 우선시 할 것인지에 대한 결정이 필요하다.

● 올바른 거절방법

거절을 못할 경우 스스로 얻게 되는 것은 초과업무, 과중된 업무, 그리고 스트레스이다. "아니요"라고 거절하지 못해 늘어만 가는 일 속에 파묻혀 이러지도 저러지도 못하는 상태에 들어서게 되는 것이다. 상대방을 실망시키지 않을까하는 두려움 때문에 부탁을 받아들이는 것은 어리석은 일이다. 부탁한 사람의 요청을 들어주고 상대방이 나의 도움을 기억하는 것은 그때 잠시뿐이다. 효과적으로 상대방의 기분을 상하게 하지 않고 이해를 구할 수 있는 거절 방법을 기억하라.

1. 먼저 상대방의 부탁이 무엇인지 듣는다.

2. 거절해야 한다면, 정중하면서도 명확하게 거절하라. 모호하게 대답해서 희망을 갖도록 해서는 안 된다. 한 번에 명확하게 거절하는 것이 서로 오해를 줄일 수 있는 방법이다.

3. 정당한 이유를 대라. 거절할 수밖에 없는 이유로 상대방을 이해시키는 것이 신뢰를 잃지 않고 관계를 유지하는 현명한 방법이다.

4. 대안을 제시하라. 직접적으로 제시한 부탁을 들어줄 수는 없지만, 다른 사람 또는 다른 방법을 대안으로 제시함으로써 상대방의 부탁

에 조금이라도 해결하려고 노력하려 했던 시도 또는 의지를 보여주는 것이 좋다.

5. 상사의 부탁을 거절할 때는 우선순위를 상사에게 정해달라고 하는 것도 옳다. 내가 지금 하려고 하는 일, 지시 받은 일들을 언급하며 어떤 일을 먼저 하면 되는지 확인하는 것도 필요하다. 또한, 다른 우선순위가 급한 일을 제대로 설명하여 거절 할 수밖에 없는 정당한 이유를 말하는 것이 바람직하다.

여러 가지 일을 한꺼번에 맡아 아무 일도 제대로 해결하지 못해 낑낑대지 말고 반드시 상사에게 상황을 설명하고 대안을 줄 것을 부탁해라. 상사가 급하게 생각하는 일을 제때 파악하지 못해 일 진도가 늦춰진다면 능력이 없어 보일 수 있다.

투자의 현인 워렌 버핏은 "성실함이란 대부분의 일에 대해 아니라고 말하는 것"이라고 정의했다. 대부분 일에 "아니요"라고 말하지 못한다면 당신의 인생은 다른 사람들의 우선순위들 사이에서 잘게 쪼개져 분산돼버리고 말 것이다. 그 누가 아닌 당신의 시간에 충실하자.

먼저 상대방의 부탁이 어떤 것인지 듣는다.
✓ 거절할 땐, 정중하면서도 명확하게 거절하라.
✓ 정당한 이유를 대라.
✓ 대안을 제시하라.
✓ 상사의 부탁을 거절할 경우에는 업무의 우선순위를 먼저 체크한다.

02 무엇을 하지 않을 것인가

워렌버핏에게는 10년 넘게 전용기의 조종사로 일한 플린트라는 조종사가 있었다. 함께 움직이다 보니 플린트는 워렌버핏과 종종 함께 식사를 할 수 있는 기회가 있었다. 다른 사람들은 점심을 한 끼 먹기 위한 경매에서 20억에 달하는 금액을 지불하는데 반해 플린트는 직업 덕분에 어렵지 않게 대화를 나눌 수 있었던 것이다. 어느 날 플린트는 워렌 버핏과 자신의 목표에 대해 이야기를 나눌 기회가 있었다.

"당신의 목표가 무엇인가, 지금 가장 중요하다고 생각하는 25가지 목표를 여기 적어보게"

플린트는 고민 끝에 노트에 자신의 목표 25가지를 적었다.

"지금 적은 25가지 목표 중에서 가장 중요한 5가지에 체크를 해보게"

플린트는 워렌 버핏의 말에 25가지 중 5가지에 체크를 했다. 플린트에게는 지금 중요하다고 생각하는 최우선 목표 5가지와 중요성이 떨어지는 20가지 목표가 생긴 것이다.

플린트는 목록을 보면서

"이제 제가 무엇을 해야 하는지 알겠습니다. 체크한 5가지 목표에 집중하겠습니다."

라고 말했다.

그에 버핏은 "나머지 20가지 목표는 어떻게 할 것인가?" 질문을 했다.

"제가 체크한 5가지 목표는 최우선으로 집중해야 될 목표입니다. 하지만 나머지 20가지 목표 또한 포기할 수는 없기 때문에 틈틈이 시간을 투자해서 목표를 이루겠습니다."

"그건 잘못 생각한 거네, 자네가 체크한 5가지 목표 이외의 목표들은 5가지 목표를 이루기 전까지 모두 버려야 할 것들이네. 5가지 목표를 전부 달성하기 전까지는 나머지 20가지 목표들에 대해서는 절대 어떤 관심도 노력도 기울여선 안 되네."

그제야 플린트는 자신이 이제까지 인생에서 중요함을 잊고 살았다는 사실을 깨달았다. 해야 하는 일에 치여 사는 현대인들은 무엇을 하지 않을 것인가를 항상 염두 해야 한다. 업무메일이 쏟아지는 가운데에서도 정크메일과 중요한 메일을 분리하고, 업무를 쌓아두기보다 앞으로 나아가기 위해서는 불필요한 것들을 정리하는 연습이 필요한 것이다.

이런 습관은 결국 워렌버핏의 투자방법에서도 볼 수 있는 본인만의 투자 원칙이다. '목표를 어떻게 이룰 것인가'가 아닌 '무엇을 하지 않을 것인가'에 집중을 한다는 점이다. 결국 우리도 인생에서 그리고 오늘 하루 중 무엇을 하지 않을 것인가에 집중하는 습관을 가져야 한다.

해야 하는 일만 가득한 지금, 더욱 하지 말아야 하는 일들을 살펴보자. 시간은 한정되어 있고, 우선적으로 이뤄내야 할 일들이 있다면 집중해서 이뤄야하는 것들이 우선되어야 한다. 먼저 당신이 해야 한다고 생각하거나 하고 싶은 일들 중 중요한 25가지 일을 생각해보자. 그리고 25가지 일을 기간을 정해서 이번 주, 한 달, 또는 올해 안에 이뤄야 하는 일 등 세부적으로 기한을 나누어보자. 그리고 25가지 중에 중요하다고 생각하는 5가지를 선택해 보자. 그리고 가장 빠른 마감시간을 가진 일을 추려보자. 결국 내가 오늘 우선시해야 하는 일은 이 다섯가지 인 것이다.

이 방법은 하고 싶은 것이 많고 해야 하는 일이 많을 때, 그리고 그 많은 것들 중에서 무엇을 먼저 시작해야 할지 모를 때 시도할 수 있는 가장 좋은 방법이다. 스스로 해야 하는 일과 하고 싶은 것들을 나열해 보면서, 중요도와 급한 정도에 따라서 구별을 하다 보면 무엇에 집중을 해야 하는 지가 보인다. 그리고 지금 꼭 해야 하는 일, 지금 아니면 못할 것 같은 일, 안 하면 후회할 일을 기준으로 5가지를 추려보면 결국 내가 현재 우선해야 하는 일이 추려진다.

이 방법은 버킷리스트를 작성하는 것과도 같다. 우리의 인생에는 각 시기에 해야 하는 일이 있다. '때가 있다'는 말처럼 무엇인가를 성취하고 배우기 위해서는 각 시기에 맞는 때가 있는 것이다. 이 방법으로 지금 현재에 해야 하는, 하고 싶은, 이루고 싶은 일을 조명해보자.

그렇다면 하루의 일과는 어떨까? 항상 계획은 잔뜩 해놓고 해야 하는 일을 리스트로 작성하는데 결국 끝마치지 못하는 일이 많다면, 오늘 적어도 5-10가지 일 중에 1-2가지 우선적으로 해야 하는 일을 추려보자. 그리고 그 일중에서 가장 우선적으로 해야 하는 일을 당장 시작해보자. 그런 다음 2번째로 설정 해 놓은 일을 끝마치면 된다.

우리가 시간에 쫓길 때 업무가 많아서 오는 스트레스보다 끝 마쳐야 한다는 압박감이 더 클 것이다. 결국 정해진 시간 내에 많은 일을 한다는 것이 결국 책임을 갖고 일하는 것임을 보여준다. 많은 일에 허우적대기보다 먼저 리스트를 작성하고 중요도가 높고 급한 일부터 처리를 하는 것이 우선이다. 만약 본인이 스스로 중요도가 있는 일을 정하지 못할 경우에는 미리 일을 지시한 사람이나 상사와 상의를 해보는 것 또한 시간을 아끼는 길이다. 스스로 중요하고 급하다고 생각해서 하는 일이, 결국 윗선에서 보기에는 급하거나 중요하지 않은 일일 수도 있기 때문이다.

1.

2.

3.

4.

5.

6.

7.

8.

9.

10.

11.

12.

13.

14.

15.

16.

17.

18.

19.

20.

21.

22.

23.

24.

25.

끝마친다는 일이 많아진다는 것은 하지 않을 일을 정확히 알고 해야 하는 일에 집중하는 것이다. 아무리 일이 많아도 빨리 해결할 수 있는 문제라면 몇 분 몇 시간의 집중력으로 충분히 끝낼 수 있다. 하지만, 일이 많은데도 끝 마치지 못한다거나 계속 미루는 일이 있다면 마음이 더욱 무거워질 것이다. 하지만 이렇게 5가지해야 하는 일을 집중하다 보면 매일의 업무 성취율도 높일 수 있고 자연스레 자신감도 커질 것이다.

> **tip!** 업무 성취도를 저해하는 '무엇을 하지 않을 것인가' 리스트
>
> ✓ 업무 중 불필요하게 길어지는 대화
> ✓ 업무 중 과도한 휴식시간
> ✓ 일을 미뤄두는 습관
> ✓ 서류 또는 주변 정리를 미루는 습관
> ✓ 업무를 방해하는 잦은 메신저 활동

03 관점을 바꾸면 시간이 생겨난다

스마트 시대를 사는 지금도 사람들은 "시간이 없다"는 말을 많이 한다. 많은 사람들의 시간을 절약하기 위해 기술을 계속해서 발달해 왔지만 가족들과의 시간을 보내기에도, 나를 위한 시간을 갖기에도, 또는 책을 읽기에도 10년 전과 비교한 지금도 여전히 하루 24시간이 충분하지 않다는 점이다. 사람들이 많이 이야기하는 시간이 없어 할 수 없는 활동 중 첫 번째는, 책 읽는 시간이 아닐까 싶다.

누군가는 24시간을 48시간처럼 살고, 누군가는 하루를 20시간 채 살기도 버거워하는 그들의 차이는 무엇일까? 주변에 사람들을 놀라게 한 하루를 48시간처럼 사는 지인이 있다. 그녀는 아이 둘의 엄마이며 주 6일을 치과에서 근무하는 박지현 치과위생사다. 개인병원에 근무하는 그녀의 일상은 누가 봐도 안정적이지만, 그녀는 자신의 인생을 멀리 내다 봤을 때 그녀의 선배들이 자신에게 롤모델이 되었던 것처럼 후배들에게 선한 영향력을 미치고 싶은 사람이 되고 싶었다. 그렇게 그녀는 조심스레 후배들을 교육하는 강사의 역할을 꿈꿔왔다.

강의를 준비하는 것도 처음에 시간을 쪼개 쓰는 생활이었다. 퇴근 후, 강의를 준비하기 위해 자료를 찾고 강의내용을 준비하고, 또 반복해서 연습을 했다. 이때부터 그녀는 남들보다 조금씩 시간을 더 쓰는 습관이 생겼다. 그녀의 강의경력이 일 년쯤 지났을까, 그녀는 그 다음의 목표를 꿈꾸게 되었다.

자신이 더 많은 사람들에게 영향력을 주기 위해서는 자신의 전공을 깊게 공부하고 싶다는 배움의 열망이 일렁였다. 대학원 수업은 일주일에 한 번 이지만, 그녀의 직장인 부천에서 충남 성환에 있는 대학원까지 지하철로 왕복 4시간에 가까운 거리를 다녀야 했다. 매주 주어지는 학업량은 그녀의 수면시간을 하루 4-5시간으로 제한 할 수밖에 없었다.

두 아이의 엄마의 삶, 아내로서의 삶, 대학원생으로서의 삶, 치위생사로서의 삶, 강사로서의 삶까지 다섯 가지 역할을 병행하면서 그녀는 또 다른 삶의 목표를 세웠다. 그것은 '1일 1독'이라는 그녀만의 습관을 세운 것이다. 그녀가 한 권을 읽는 시간은 짧게는 1-2시간에서 길어야 3-4시간 남짓이다. 그녀가 오랜 기간 독서습관을 가졌던 것은 아니었다. 하지만, 그녀에게는 특유의 집중력이 있었다.

그녀는 다섯 가지 역할을 병행하면서도 틈틈이 책을 읽었다. 현대인들이 특히 직장인들이 말하는 책을 못 읽는 변명 중 하나는 '책을 읽을 시간이 없다.' 라는 것이다. 하지만 그녀는 어떻게 그 많은 역할을 갖고도 1일 1독을 가능케 했을까? 그것은 그녀가 시간에 대한 관점을 다르게 봤기 때문이다. 책을 읽어야 하는 시간을 일부러 정해놓기 보다, 항상 틈이 날 때마다 30분 또는 1시간씩 책을 붙잡는 시간을 키웠다. 점심 먹고 나서 짬을 내어 책을 읽었다. 또한, 퇴근을 하고 집에 돌아와 아이들을 돌보고 가정 일을 마무리 한 뒤 30분, 1시간 책을 펼친 시간이 그녀에게는 1일 1독을 가능케 하는 시간이었다. 그녀가 가장 독서에 몰입할 수 있는 시간은 부천에서 성환까지 가는 이동 시간이었다. 지하철은 그녀에게 도서관과 같은 몰입을 안겨주는 장소였다. 그리고 시간이 부족함을 느낄 때는 새벽에 30분 또는 1시간씩 일찍 기상하여 새벽에 책을 읽는 시간까지 보태었다.

그녀만큼 많은 책임감속에서 '해야 할 일'이 많은 사람도 없을 것이다. 하지만, 그녀는 시간 사용에 대한 관점을 많은 일들 때문에 시간이 부족하다, 시간이 없다, 여유가 없다는 부분에 초점을 맞추기보다, 어떻게든 짬이 날 때마다 조금씩 채워가 보자, 행동해 보자라고 생각했기에 가능했던 것이다.

물 컵에 물이 반잔이 채워있는 것을 보고 누군가는 반 밖에 없네? 라고 생각하고, 누군가는 반씩이나 남아있네 라고 생각한 사람들의 이야기를 들어보았을 것이다. 우리가 누리는 매일의 하루의 시간도 이와 같다.

학창시절의 시험 기간을 생각해보자. '시간만 있다면, 방학이었다면~' 무엇을 하고 싶고 가고 싶은지에 대한 열거가 끝이 없을 정도로 하고 싶은 것들이 생각이 난다. 하지만, 막상 시험이 끝나고 나면 결국 우리는 하지 못할 이유들이 눈앞에 열거가 되고 결국 하지 못할 이유만을 찾게 된다. 또는 그저 아무것도 안하고 싶다는 기분으로 아무것도 행동하지 않고 게을러지는 것이다.

왜 우리는 주어지는 시간을 제대로 누리지 못하고, 쓰지 못하는 시간을 안타까워하며, 한 없이 부족함만을 말하는 걸까? 이것이 단지 인간의 본성이라고 말해야 하는 걸까? 그것은 평소에 시간 습관에 달려 있는 것이다. 시간이 무조건 많이 주어진다고 할 수 있는 일이 많이 늘어나는 것은 아니다. 평소에 시간을 투자하는 습관을 들여놔야 충분히 많우 시간이 주어졌을 때 더욱 능숙하게 시간을 사용할 수 있는 것이다.

앤드류 매튜스는 "고정관념에서 벗어나면 인생 자체가 바뀔 것이다"라고 말했다. 시간 자체에도 고정관념을 가지고 있다면 벗어나야 한다. 사람들은 흔히 자기 계발할 시간이 없다고들 많이 이야기한다. 하지만 위의 그녀의 일상처럼 회사일과 회사일 사이, 회사일과 집안 일 사이의 온전히 스스로 집중하게 만드는 시간을 만들어 그 틈새 시간을 온전히 활용하는 습관을 가져야 한다.

현실의 답답함을 느낄 때 또는 해야 하는 일들에 대한 책임감이 많을 때는 가끔 모든 걸 내려놓는 마음으로 주변 일들을 차단을 하고 시간을 되돌아보는 것도 방법이다. 친구도 만나야 하고, 동기들의 모임에도 참석해야 하고, 운동도 해야 하고, 공부도 해야 하는 이런 책임감을 내려놓고 온전히 내가 집중해야 하는 일을 단순화하여 1-2가지 일에만 시간을 들이는 것이 방법이다.

한동안은 친구들이 부르는 약속이나, 회사 동료들의 술자리 등에 참석하며 내 의지로 설정된 하루를 살기보다 남들에게 휩쓸려 시간을 쓰게 되는 일상이 반복된 적이 있었다. 그때 나는 사람들과 시간을 보낼 때는 웃고 떠들다 집에 돌아오는 길이나 그 이후에 생각해보면 허무함을 느끼는 경우가 계속되었다. 그때 나는 모든 약속을 중단하고 나를 들여다보는 시간을 가졌다. 해야 하는 일들에서 살짝 벗어나 책을 읽으며 스스로를 들여다보는 시간을 늘려나갔다. 친구들과 동기들과의 만남도 스트레스를 해소하거나 좋은 에너지를 전해 주지만, 온전히 나를 위한 시간이 필요한 시기였다.

"중요한 것은 무엇이 주어졌느냐가 아니라 주어진 것을 어떻게 사용하느냐이다"라고 말한 알프레드 아들러의 말처럼, 24시간이 주어진 시

간을 어떻게 현명하게 25시간, 48시간의 가치를 만들어내느냐는 각자
의 선택에 달려 있는 것이다.

　시간을 활용하는 가장 큰 방법은 '-할 시간이 부족하다'라는 관점보
다 '-하기에 충분하다'라는 관점으로 전환시키는 것이 중요하다. 시
간이 충분하고, 충분히 쌓여있는 일들을 처리하기에 충분한 시간이
라고 생각하면 주어진 시간 안에서 해내는 방법을 찾기 때문에 유용
한 방법이 될 수 있다. 사람은 할 수 있다고 생각하면 결국 해내는 특
별한 잠재력이 있다. 그리고 자연스레 방법을 찾다보면 결국 그것이
일의 효율성을 늘리는 자신만의 노하우이자 능력의 척도가 될 수 있
다. 시간에 관한 새로운 관점으로 나에게 부족한 시간을 늘려보자.

04 친구들과의 불필요한 약속을 거절하라

입사 초 취업활동의 무거운 무게에서 벗어났을 때 친구들과 약속을 잡기 바빴다. 스스로에게 상이라도 주듯 조금이라도 일찍 퇴근을 하는 날에는 친구들과 만나 수다를 떨거나 한잔씩 하는 것이 의례적인 일상이었다. "오늘은 누구를 만나지?" 라는 생각으로 퇴근 시간이 가까워오면 전화목록을 훑어보기 바빴다. 주말에도 별다른 일이 없으면 친구들을 만나거나 집에서 쉬는 것이 고작이었다.

"회사를 그만두던지 해야지. 그 과장이 그만두던가 아니면 내가 그만둘 거야."

"드라마 봤어?"

"좋은 사람 없어?"

하지만 어느 순간 어떤 친구들을 만나도 나누는 대화 주제가 겹친다는 걸 느끼게 되었다. 그때부터 대화에 집중하지 못하는 자신을 발견했다. 그리고 문득 카페를 돌아봤을 때 여자들만 가득한 카페에서 다들 비슷한 대화주제로 이야기를 한다는 사실을 깨달았다. 우스운 생각으로 내가 다른 테이블에 조인해서 이야기를 해도 전혀 문제가 없을 것 같을 정도로 조금은 섬뜩할 정도였다. 다들 변화를 바라지만, 실제로 변화를 이루고자 하는 사람이 그 시간에 그 곳에 앉아 있을까 싶을 정도였다.

많은 직장인들이 스트레스를 푸는 방법으로 대게 친구를 만나 수다를 떨거나 친구들과 한잔씩 하는 것으로 푸는 사람들이 많다. 일주일의 3-4일을 주중과 주말 할 것 없이 친구들과 술 모임을 즐기는 것이다. 함께하는 그 순간은 즐겁다. 하지만 뒤돌아보면 어느새 긁어진 카드 값과 숙취에 고생하는 반복되는 하루는 같다. 그리고 밤늦게 까지 친구들과 즐긴 탓에 아침 출근에도 영향을 미칠 수밖에 없다.

서로 힘들고 지칠 때 포기하고 싶을 때 제일 먼저 의지하게 되는 것이 동료고 친구지만, 너무 잦은 만남은 서로의 익숙함에 소중함을 무뎌지게 만들 수 있다. 단지 본질적인 해결책을 찾는 것이 아닌 그 순간을 잊기 위해 가지는 만남의 시간일 수 있으니 말이다. 친구들과의 시간이 그저 반복적으로 흘려보내고 있는 시간이 아닌지 생각해보자. 단지 무의식적으로 흘려보내는 시간이 될 수 있다. 의미 없는 대화로 이어지는 술자리는 오늘의 스트레스를 한 순간 해소할 수는 있지만 본질적인 문제를 해결해 주지는 않는다. 결국 변화는 그 자리가 아닌 다른 곳에서 치열하게 움직여야 일어나기 때문이다.

무언가 변화를 갖고자 한다면 친구들과의 불필요한 약속을 멀리하라. 친구들 만날 거 다 만나고 회사 모임에 불러 다니고, 불러 다니는 자리에 익숙해진다면 결국 남이 시키는 일에 익숙해질 뿐이다.

목표한 바를 이루는데 시간만 있으면 해낼 것 같은가? 무조건 시간이 주어지면 모든 것을 다 해낼 수 있다고 보는가? 아니다. 어쩌면 우리는 시간이 주어질수록 게으름과 나태함이 고개를 든다. 하지만 무엇을 이뤄내는 것은 시간이 아닌 하고자 하는 결심과 의지를 바탕으로 한 행동에 따른 것이다.

미국의 과학자이자 외교관인 벤저민 프랭클린이 번개의 정체가 전기라는 것을 밝혀냈을 때 사람들의 반응은 냉담했다.

"알아낸 그것을 어디 쓸모가 있습니까?"

프랭클린은 자신을 비웃는 사람들에게 이렇게 말했다.

"그렇다면 갓난아이들은 무슨 쓸모가 있습니까?"

고독한 선구자가 세상을 변화시키는 것처럼, 주위 사람들보다 꿈을 향해 그 누구도 아닌 나 자신에게 집중하는 시간이 필요하다. 인생에 한

번 그 누구도 아닌 나 자신에게 몰입해야 할 시간을 늘려보자.

시간이 물리적으로 주어지지 않는 환경에서 가장 먼저 시간을 조율할 수 있는 것이 친구들과의 불필요한 약속을 줄이는 것이다. 한정된 여가 생활과 발전 없는 삶에 대한 갈증을 느낀 다면 익숙한 친구들과의 만남을 줄이고 관심 범위만큼의 행동범위를 넓혀보자.

요즘에는 사람들과의 모임자리가 많아지고 있다. SNS의 영향으로 같은 취미와 관심사를 가진 사람들과의 오프라인 모임이 활성화 되어있다. 빠르고 급변하는 사회에서 바쁜 현실에 친구들을 만나는 자리가 쉽지 않은 것도 사실이다. 그리고 나의 취미생활을 지인들과 함께 관심사를 공유하는 것도 좀처럼 힘든 일이 되기도 한다. 하지만 SNS를 통해 서로의 관심사를 공유한 사람들과의 모임은 새로운 자극이 된다. 'MEETUP' '위즈돔' '오픈팩토리' 등과 같이 그림 그리기, 꽃꽂이, 요가, 줌바, 외국어 모임, 독서모임, 디제잉, 서울산책, 브런치 모임 등 나의 지인들과 함께 나누지 못하는 것들을 새로운 사람들과 나눌 수 있다.

나이가 들면서 삶의 반경이 회사, 집, 회사, 집의 반복된 생활로 한정될 수 있다. 나의 생활 범위만큼 사람들도 제한되는 경우가 많은데 주기적으로 새로운 환경에 나를 노출시키면 이것처럼 신선한 자극이 되는 것도 없다.

만나서 나누는 이야기가 변함없는 현실에 대해 한탄, 주위 환경과 사람에 대한 불만, 또는 부정적인 언어를 자주 사용하는 친구들이라면 조금은 멀리하는 것이 필요하다. 목표를 이뤄나가는데 긍정의 힘만으로도 부족한데 "우리가 뭘 이뤄내겠어?" "현실이 얼마나 달라지겠어?" 라는 제한적인 가능성을 이야기하는 사람들과의 만남은 나의 의식마저도 줄어들게 만든다. 아니 목표를 확고하게 가진 사람들이라면 이런 대화 자체를 듣고 싶지 않아서 스스로 멀리하게 될 것이다.

지인들과의 만남과 대화가 고인물의 느낌이라는 생각이 든다면 일정 기간 거리를 두는 것이 현명한 방법이다. 이때는 새로운 자극이 되고 긍정적인 영향력을 주는 친구들을 만나는 것이 필요하다. 사람도 책과 같다. 한 사람, 한 사람과의 만남이 어떤 책을 읽는 것과 같이 상대방을 통해서 그의 생각을 듣고 이야기를 듣고 세상을 간접적으로 배우는 기회가 된다. 하지만, 그 어떤 책의 장르도 소재도 너무 같은 내용이 반복된다면 그 좋은 내용도 우리가 받아들이는데 조금은 영향이 줄어들게 마련이다. 주기적으로 새로운 주제를 받아들이고 내 삶에 신선한 자극이 될 수 있는 사람 책을 만나려는 시도를 의도적으로 해야 한다.

불필요한 약속은 줄이되 의미 있는 만남의 기회를 늘리자. 나와 동갑인 사람들과의 만남이 아닌 위아래 조금은 나이 차이가 나는 사람들과의 만남은 서로 배울 수 있는 점도 많다. 나의 생각의 틀마저도 넓힐 수 있는 계기가 된다. 나는 안일하게 살았는데 꿈을 향해 저만큼 노력하는 사람들도 있구나, 저 친구는 아직도 꿈을 간직하며 살고 있구나라고 신선한 충격으로 깨닫게 되는 점들이 있을 것이다.

나는 사람 모으는 것을 좋아해 취직시기부터 취업스터디 모임을 2-3개 모집하여 운영하기도 하고, 취직 후에는 직장인영어토론, 독서모임 등을 주도하기도 했었다. 그리고 외국인들과의 교류를 늘리고 싶은 마음에 여러모임에 참석하기도 했었다. 요즘에는 한국에 거주하는 외국인들도 많이 있어, 외국인들과 한국인이 함께 하는 모임이 많다. 자연스레 영어를 쓰는 자리에 나 스스로를 노출시키고 외국인 친구들과의 모임에서 서스름없이 다양한 국적의 친구들과 친해질 수 있었다. 새로운 환경에 처음 참여할 때는 쭈뼛쭈뼛 주저하더라도 결국 어느새 사람들과 함께 신나게 대화를 즐기는 모습을 느끼게 될 것이다.

직장생활을 하다 보면 나를 위한 시간이 부족하다. 그리고 무엇인가 이뤄내기 위한 시간이 부족하다고들 이야기 한다. 헌데 이 한정된 시간마저 친구들과의 만남도 쳇바퀴 돌 듯 만나고 있다고 생각이 든다면 지금 당장 익숙함에서 벗어나 변화가 필요하다. 사람과 사람사이의 관계는 아무리 남녀연인 사이의 관계라도 일정한 거리를 유지할 때 더 오래 지속될 수 있는 것이 사람관계이다. 서로 성장을 응원하고 새로운 자극이 될 수 있는 만남을 늘리도록 기회를 찾아보자.

05 야근의 습관에서 벗어나라

입사 초부터 해외영업팀에 배치되고 나서 야근은 거의 일상이었다. 주 거래처는 호주이지만, 그 외에 그리스, 영국, 미국의 거래처와도 연락을 취해야 하다 보니 다른 팀은 7시전에 저녁을 먹으러 가거나 퇴근인사를 하는데 내가 속한 팀은 저녁 6시부터 또다시 바빠지는 업무에 7시 반쯤 저녁을 먹으러 가면 양반일 정도로 업무가 많은 부서였다.

아침 9시에 출근해서 한국보다 한 시간 빠른 호주에서 온 메일을 처리하고 급한 안건에 대한 보고가 끝나고, 10시쯤 되면 싱가포르에서 출근을 하니 양쪽 업무를 같이 병행하면 금세 오전근무가 끝난다. 점심을 먹고 다시 집중적으로 일을 하고 취합 업무까지 같이 병행하다 보면 정신을 차려보면 오후 4-5시가 되는 것이다. 그리고 한숨 돌리다 보면 저녁 6시부터 런던과 유럽에서 연락이 오고, 본격적인 두 번째 업무시간이 저녁을 먹고 진행이 되는 식이었다. 팀과 본부 자체 업무 분위기가 그렇다 보니 야근이 일상이었다. 주 5일 근무 중 주 4일은 거의 야근이었고, 5일 내내 야근을 하는 날이면 동료들이 '그래도 주말 출근하지 않는 게 어딘가'라는 우스갯소리를 하며 위로를 삼을 정도였다.

이렇게 업무가 과중되고, 업무시간이 길다 보니 업무가 여유가 있는 기간에도 습관적으로 야근업무에 맞춘 업무의 리듬을 따르고 있단 것을 깨닫게 되었다. 과장님 차장님은 더한 업무강도가 있다 보니 저녁에 밥을 먹고 퇴근을 하는 게 일상이다. 무역상사와 같은 분위기 탓에 드라마 《미생》에서 보는 "야근했으니 한잔 하러 가자"라는 분위기가 형성이 되기도 했다. 하루 종일 업무에 지쳤으니 한잔하고 하루를 마치고 집은 잠깐 다녀오는 게 일상이었다.

한동안 본부에서는 퇴근 때 하는 인사가 "먼저 들어가 보겠습니다." 또는 "내일 뵙겠습니다."가 아닌 "잠깐 들어가 보겠습니다."가 인사인 적이 있었다. 밤 12시가 다 되어 퇴근을 하거나, 12시가 지나 퇴근을 하다 보니 "내일 뵙겠습니다." 라는 말이 무색해 "잠시 들어갔다 오겠습니다." 라는 말이 더 자연스레 어울렸던 것이다.

스마트시대인 지금까지도 아직은 회사의 상사의 눈치를 보느라 야근을 강요하는 분위기가 남아있는 곳이 있다. 조금이라도 먼저 가는 날에는 눈치를 주거나 "요즘 일 안 하나 봐"라는 말을 듣기도 한다. 위에 상사가 퇴근을 하지 못했으니 아랫사람이 가지 못하는 분위기를 갖고 있는 팀도 여전히 존재한다. 다 같이 일을 하고 연대책임을 져야 한다는 분위기를 가진 팀도 아직까지 존재하는 것이다. 세상이 아무리 스마트시대를 강조하고 LTE 나 GIGA 등 아무리 속도를 강조하는 시대라지만, 아직도 업무처리방식은 아날로그적 사고를 갖고 있는 게 현실이다.

스웨덴은 근무시간을 공식적으로 8시간에서 6시간으로 변경한 회사들이 늘어나고 있다. 8시간 근무가 효율적이지 않다는 인식이 나왔기 때문이다. 스웨덴 기업들 사이에서 '1일 6시간' 근무 제도를 도입하고 있는 회사들이 늘어나고 있고, 구텐베르크에 위치한 도요타 스웨덴 지사는 이 제도를 초기에 도입했다. 직원들은 이 제도로 인해 만족도가 향상되고, 이직률이 감소하고, 수익증대의 효과를 보았다. 복지국가이다 보니 더욱 가능한 제도라고해도, 대한민국 직장인의 하루 평균 근로시간 10시간 55분에 비해 너무나 비교가 되는 시간이다. 근무시간이 짧다고 하더라도 스웨덴이 생산성이 낮거나 후진국은 아니지 않는가. OECD회원국 중 최고수준의 긴 근로시간이 이젠 대한민국을 경쟁력이 잃은 나라로 만들고 있는 건 아닌가 하는 생각이 든다.

반복되는 야근은 무엇보다 정신적으로 육체적으로 지치게 만든다.

몸과 마음이 지치는 정도가 되면 당연히 업무 효율성도 떨어질 수밖에 없게 된다. 결국 회사생활에 대한 면역력이 약해지게 될 수밖에 없다. 본인의 업무 성취도를 높이기 위해서도 습관적인 야근은 벗어나야 한다.

업무 강도가 높은 팀에 근무하는 사람들 중에는 낮에 갑자기 지시가 주어지는 업무가 많다 보니 본인의 해야 하는 업무를 마무리하지 못해 피치 못하게 혼자 집중할 수 있는 시간이 주어지는 저녁업무 시간을 선호하는 사람도 있을 것이다. 다른 팀에서 갑자기 취합자료를 요청한다든지, 거래처에서 급하게 계약진행하기를 원할 경우에는 원래 계획했던 일이 자연스레 우선순위에서 밀릴 수밖에 없다. 그렇기에 급한 업무가 사그라드는 저녁, 밤 시간까지 남아 업무를 정리하고자 하는 것이다.

습관적인 야근에서 벗어날 수 있는 첫 번째 방법은 업무시간 내 업무 집중도를 높이는 것이다. 무심코 동기들과 휴식의 시간을 갖거나 메신저를 하며 무심코 흘려보내는 시간을 줄여야 한다. 동기들과 잠깐 티타임의 휴식을 갖는다는 것이 부르는 동기나 선배마다 자리를 비우게 된다면 그에 따른 시간손실도 크기 때문이다. 또한, 메신저나 검색으로 뺏기는 시간도 상당하다. 업무시간을 방해할 만큼 사용하고 있다면 스스로 자제가 필요하다.

두 번째, 우선순위와 마감시간에 따라 적절하게 업무를 배분하여 계획하는 것이 좋다. 급하고 중요한 일을 우선적으로 해놓고, 특히 마감시간이 정해져 있는 업무는 제때 마무리하려는 노력이 필요하다. 또한 팀이나 본부 취합자료를 담당하는 사람은 취합 때문에 자신의 본업무를 놓치는 일이 없도록 적절한 시간분배가 필요하다. 마감시간까지 취합담당자가 자료를 넘겨주지 않을 때는 양해를 구해 담당자들이 제 시간에 자료를 전달토록 요청하는 것이 필요하다. 무조건 상대방을 기다린다고 내가 야근을 일삼는 모습은 바람직한 일처리 방법이 아니다.

세 번째, 눈치 보는 야근을 피하라. 팀의 분위기에 휩쓸려 또는 상사의 눈치를 보느라 야근을 계속 한다면 반복되는 야근에서 벗어나야 한다. 업무의 효율성을 높이기 위해 그리고 삶의 균형을 위해 자신이 스스로 시간을 지키고 업무에 책임을 갖고 임하고 있다는 인식을 보여주는 것이 중요하다.

단순히 야근하기 싫다고 업무를 미루는 것은 옳지 않다. 정확히 해야 할 일은 끝마쳐놓고 일찍 가는 인식을 심어줘야 한다. 지시한 일과 맡은 바를 다 해놓고 퇴근하는데 뭐라 할 상사가 어디 있겠는가? 스스로 이미지를 만들어 나가는 것도 중요하다. 결국 일을 다 해놓고 퇴근을 하면 일 잘하는 이미지가 자연스레 생길 수밖에 없다.

긴 업무시간이 생산성을 높여주는 것이 아니다. 야근이 업무의 기회가 되기보다 장기적으로 보면 잃는 것이 너무 많다. 야근이 습관화되어 자

신의 업무 습관이 늘어지고 있는 것은 아닌지, 야근의 환경에 너무 익숙

해져버린 것은 아닌지 자신을 한번 되돌아보는 기회가 되었으면 한다.

tip! 습관적인 야근에서 벗어나는 방법

- ✓ 업무시간내 집중도를 높여라
- ✓ 업무의 우선순위, 마감순위에 따라 배분하여 계획하라
- ✓ 눈치 보는 야근을 줄여라

06 회식은 1차에서 끝내라

　직장생활을 하면서 회식의 자리는 필수이다. 업에 따라, 회사의 분위기에 따라, 그리고 특히 상사의 음주 취향에 따라 운 좋게 1년에 1-2번 회식이 전부일 수 있지만, 어떤 이들에게는 일주일 3-4번은 회식 또는 팀원들과의 저녁술자리를 갖는 사람이 있을 것이다. 회식의 필요성에 대해 이야기할 때 대부분 팀원들과의 교류와 친목을 이야기 한다. 하지만, 회식도 습관이 되다 보면 결국 안 마셔도 될 술과 굳이 매번 참석하지 않아도 될 자리를 습관적으로 참석하고 있는 자신을 발견할 것이다.

　최근에는 몇몇 회사에서 사내문화 캠페인으로 1차 회식을 장려하거나, 9시까지 회식시간을 갖는 회사 문화를 만드는 회사들이 많이 늘어나고 있다. 그리고 회식을 '술자리'로 생각하기보다 다 함께 영화를 보거나 야구 관람을 하는 등 생산적인 시간으로 활용하는 사람들도 예전보다는 많이 늘어난 추세이다.

하지만, 여전히 동료와의 친목도모는 술자리에서 꽃핀다고 생각하는 사람들이 있다. 1차 회식만 갖기엔 아쉬움이 크다고 생각하고, 술이 한두 잔 들어가다 1차의 끝이 되어서야 분위기가 살게 되어 2차를 당연히 가게 되는 것이다.

'1차에서 자리를 끝내라' 라는 말도 분위기가 형성이 되는 곳에서만 가능하다고 생각하는 사람들이 있을 것이다. 결국 이야기를 언급한다는 것 자체가 눈에 띄는 행동이 될 수 있기 때문이다. 하지만 무리한 술자리 참석으로 자신의 건강을 해치고 다음날 업무가 방해될 때까지 술을 마시는 것보다 미리 방지하는 것이 방법이다.

말을 꺼내는 것이 처음엔 어렵지만, 두 번째 세 번째가 될수록 쉬워질 수 있다. 그리고 말을 꺼내는 것이 어렵다면 눈치를 보며 자연스레 빠지는 방법도 좋다. 결국 1차에만 참석하는 사람의 이미지로 남는 것도 나쁘지 않은 방법이다.

한 지인은 거래처 회식을 할 때 1차에 집중을 하고, 2차는 눈치를 봐서 피할 때가 있다. 커피를 마시는 자리가 되면 참석을 하지만 자신이 적당하다고 생각하는 주량을 넘어서면 건강을 위해 또한 실수를 줄이기 위해 2차를 피하는 것이다. 처음에는 사람들이 왜 사라질까? 라고 생각을 했지만, 반복되다 보니 자연스레 2차에 끼지 않는 사람으로 인식된 것이다.

회식의 2차라는 것이 조금은 경직된 1차의 자리에서의 아쉬움을 2차에서 풀며, 사람들이 술을 더욱 많이 마시게 된다. 그러다 보니 종종 자신의 주량의 치보다 조금은 더 무리해서 마시게 되는 것이다. 술을 기본적으로 잘 마시거나 다음날 숙취가 없는 사람은 스스로 제어할 수 있겠지만, 결국 즐기지도 못하는 술자리라면 2차는 현명하게 거절하는 것이 건전한 술자리 매너이고 자신의 건강에도 좋다.

● 불필요한 회식을 피하라

"오늘 어차피 일 오래 걸릴 거 같은데, 한잔 할 거지?"

"그래 밥 먹고 하자."

"김 대리도 갈 거지?"

영업 팀의 특성답게 야근을 하게 되면 상대 거래처 시차에 맞춰 일이 진행되는 것이 부지기수이다 보니, 저녁을 먹고 쉬엄쉬엄 일하는 분위기가 생긴다. 그러다 보면, 자연스레 저녁을 먹으러 나간 자리가 반주를 하게 되는 자리가 되는 것이다. 처음엔 모르고 따라간 자리가 술자리로 변해가는 것이 당황스러웠지만, 이제는 눈치를 챌 정도가 되었다.

팀원들의 권유를 말리기 무섭게 급작스런 동기의 콜도 있다.

"오늘 별 약속 없지? 한잔 할래? OO 선배가 산다는데"

"같이 하자 김 대리. 한잔만 하고 가자고"

한번 흔들림은 참았지만, 두 번째 동기의 콜이 들어오면 마음이 약해지게 된다. 하지만, 퇴근 후 계획했던 할 일들이 생각이 나고 천사와 악마가 싸우다 결국 천사가 고개를 든다.

"아니야 오늘은 집에 갈게. 오늘 마시면 몸이 안 좋을 거 같아"

친한 동기들과 함께 하지 못하는 아쉬움은 있지만, 이 아쉬움은 언제라도 잡을 수 있는 시간이다. 하지만, 오늘 계획한 일을 마치지 못하는 것은 너무 큰 후회로 남을 것이다.

이번 주도 월요일부터 팀원들의 술자리가 시작된다. 업무 특성상 팀원들과 저녁을 먹는 경우가 많았고, 팀장님과 팀원들이 영업맨의 특성상 술을 즐겨 했기에 저녁이 술자리가 되는 경우가 많았다. 저녁이 술자리가 되고, 또 일주일에 한 두 번씩 같이 회식을 하는 경우가 되다 보니, 일주일에 3-4번은 술을 마시게 되는 자리에 참석하게 되었다.

처음에는 팀원들과 함께 친목도 다지고 업무에 대해 이야기를 하며 즐겼으나, 반복되는 술자리에 몸이 지치다 보니 무의미함이 몰려왔다. 거래처 회식은 상대 회사에 맞춰 시간을 가지다 보니 1차에서 벗어나는 것이 어렵다.

하지만, 팀에서 가지는 잦은 회식의 경우에는 1차에서 벗어나는 것으로 스스로 시간을 조절할 수 있다. 이기지 못하는 술을 매번 불러가서 참석할 것이 아니라, 한두 번은 빠질 수 있는 자리에선 먼저 일어서야한다.

술자리가 잦은 경우에는 권하는 사람의 일종의 패턴이나 분위기를 확인하면 된다. 주말 내내 쉬기보다 육아를 맡고 온 경우에는 월요일부터 술자리를 가지려고 하는 경우가 많다. 주말 지친 마음을 회사 사람들과 함께 시간을 가지며 풀고자 하는 마음이 크기 때문이다. 화요일은 어제 술자리가 무거웠을 경우는 스킵될 수 있지만, 화요일 본격적인 업무에 야근이 생겨 술자리가 생긴다.

1차에만 참석하는 이미지를 보이는 것은 현명한 방법이다. 팀원들과 융화되는 모습도 중요하니 기분 좋게 1차를 참여하고 눈치 보이지만 명확하게 2차에서는 벗어나는 모습을 보이는 것이 필요하다. 처음에는 팀에서 반응이 좋지 않더라도 건강상의 문제나 자기관리 측면에서 먼저 떠나는 것에 대해 크게 반대하는 사람은 없을 것이다. 만약 눈치가 크게 보인다면 2차의 중간에 자리를 뜨는 것도 요령껏 필요하다. 회사생활에 있어 눈칫밥과 요령으로 자기 자신을 제대로 포지셔닝 하는 것이 스트레스도 적고 능력을 발휘하여 인정받을 수 있는 것임을 잊지 말아야 한다.

07 무조건적인 희생을 거절하라

● 혼자 다 떠안으려 하지 마라

회사 업무를 하다 보면, 꼭 자신이 처리해야 직성이 풀린다는 사람이 있다. 그런 선배나 사수를 두었다는 건 자신에게 장점이 되기도 단점이 되기도 한다. 옆 팀의 P선배는 본인이 성격이 급하고 일 처리가 빠르다 보니 자신이 직접 일을 해야 직성이 풀리는 사람이다. 빠른 일 처리와 그에 맞는 많은 업무를 혼자서 담당을 하면서도 빈틈없이 일을 마무리하는 탓에 상사들과 동료들에게 인정을 받는다. 일 잘하는 사람에게 더 많은 일들이 주어지는 탓에 그의 책상 키보드 앞에는 그가 오늘 해야 하는 일의 리스트가 적힌 포스트잇이 2-3개 연결되어있다. 일의 업무가 하나씩 끝날 때마다 줄을 그어 진도를 확인하는 것이다. 하지만, P선배의 후배는 조금은 답답함을 호소한다. 일을 배우고 싶은데, 자신에게는 일이 주어지지 않는다는 것이다.

후배에게 일을 준다는 것은 분업을 하는 느낌도 있지만 초반에 일을 가르쳐줘야 하는 책임을 성가시게 여겨 애초부터 시도를 안 하는 선배들이 많다. P 선배도 그렇다. 바쁜 업무에 후배에게 일을 가르치는 시간에 결국 본인이 해버리는 것이 마음 편하다는 것이다. 게으르거나 편하게 일하고 싶어 하는 사람들은 이런 성향을 마음에 들어 할 수도 있겠지만, 하지만 결국 길게 보면 시간은 가는데 결국 스스로 성장할 기회가 주어지지 않는 것이다. 씨앗이 뿌려졌는데 물도 안주고 햇빛도 없다 보니 결국 씨앗은 그대로 땅속에만 자리 잡고 있는 것과 같다.

후배를 교육시키는 것도 엄연한 사수의 역할이다. 후배에게 일을 나누거나 알려주지 않고 자신이 스스로 떠안으려 하는 것도 스스로 희생을 자처하는 일이다. 직책에 맞게 많은 책임감을 가진 만큼 집중해야 하는 일은 따로 있다. 처음에는 업무를 가르치고 전수하는 것이 익숙지 않더라도 결국 시간을 버는 것임을 이해하고 맡기는 것이 현명하다.

● 업무의 효율을 높이기 위해서는 분업이 필수이다.

"의심하려면 맡기지 말고 맡기려면 의심하지 마라" 중국 역사서 《자치통감》에 나오는 말이다. 일을 맡겼으면 상대를 믿고 참견해서는 안 된다는 말이다. 참견하는 순간, 상대방이 스스로 일을 해결하려는 의지와 능력도 상실이 되고 본인의 시간마저 낭비하게 되는 것이다. 다른 사람에게 일을 맡긴다는 것은 나에게 중요한 일을 더 집중하기 위한 것이다. 그런데 남에게 부탁한 일까지 참견한다면 자신의 업무의 집중력과 효율성도 떨어지고 시간마저도 2배로 뺏기게 되는 것이다.

같은 팀 안에 담당자가 여러 명이 있다면 혼자서 일을 처리할 것이 아닌 여러 사람과 협력하여 움직일 때 성과가 더 좋을 수 있다. 후배에게 일을 분업하는 것은 결국 추후에 리더의 위치에 오르기 전 미리 연습하는 과정으로 생각해야 한다. 일을 잘 분배하고 정확히 지시하는 것도 리더가 갖춰야 할 자질이다. 팀장이 팀원들에게 업무분담을 제대로 하지 못하면 팀원들 간의 불만과 불화가 생기기도 한다.

야구경기를 생각하면 각자의 포지션에 맞는 역할이 있다. 팀 내에서도 일이 주어질 때마다 각자 맡은 영역에서 발휘해야 하는 업무가 있는 것이다. 투수가 매번 1루까지 뛰어갈 수는 없는 것 아닌가. 분업을 하고 후배에게 역할을 부여하는 것은 디렉터로서의 자질을 키우는 것과도 같다.

그리고 일을 시켜보면 느끼겠지만, 자신의 지시를 100% 상대방이 이해하고 일을 처리할 것이라고 생각해서는 안 된다. 중간에 참견이 아닌 진행사항을 확인하는 타이밍은 필요하다. 엉뚱하게 전혀 다른 길로 새는 것을 막기 위해서는 말이다. 부탁 받는 입장에서 이해를 하는 측면과 일을 주는 사람의 일에 대한 기준이 다를 수 있다. 처음에 지시할 때

똑바로 상대방이 이해를 할 수 있도록 돕는 것이 먼저이고, 중간에 1-2 번 상대방이 보고를 하게 하거나 방향성을 제대로 갖고 가고 있는지 정도를 체크하는 것이 일을 두 번 하게 되는 염려를 막는 방법이다.

일 처리가 빠르다 보면 업무를 지시하는 입장에서는 자주 일을 부여할 수밖에 없다. 일을 잘 하는 사람에게 일이 몰리는 것과도 같다. 하지만, 나의 업무가 과중된 상태에서 일이 계속 주어진다는 느낌이 있다면 상사와 조율 하는 것이 현명한 방법이다.

팀 단위로 진행되는 업무 환경 속에 있다면, 더욱 업무양의 조율은 필수적이다. 모든 사람이 같은 능력을 발휘하진 않는다. 어떤 사람은 조금 더 효율적으로 빠르게 마무리 하는 방법을 선택하고, 다른 사람은 꼼꼼히 차근히 업무를 진행하길 원하는 스타일이 있다. 개인적인 능력의 차이로 한 사람이 두 사람의 몫을 해내기도 한다. 하지만, 다른 사람이 나와 업무 스피드를 맞추지 못해 내가 업무를 두 배 세배로 떠안게 되는 상황은 피해야 한다. 한두 번 도와주다 보면 상대방은 '내가 못하면 다른 사람이 하겠지'라는 인식을 가질 수 있기 때문이다. 자신의 업무를 빠르게 하려는 노력보다 자신의 업무 속도에 그대로 유지하며 상대방이 자신이 못한 부분을 메워줄 것이라는 인식을 갖는 것이다. 협업은 좋지만 너무 치우치는 업무량이라면 조율해야 한다. 다른 사람의 업무를 대신해주느라 내가 야근을 할 만큼 업무가 쌓이는 경우는 피해야 하니 말이다.

　회사 생활이라는 것이 나 혼자 잘한다고 되는 것은 아니다. 함께 일을 분담하고 다른 사람이 부족한 부분을 메워주는 것이 팀워크다. 하지만, 나의 시간이 상대방을 위해 대신하는 업무 처리로 쓰는 시간이 늘어난다면 적정선을 긋는 것이 현명하다. 내가 성장할 수 있는 기회마저 뺏기게 될 수도 있기 때문이다. 현명한 거절이 필요한 때이다.

직장인을 위한 시간관리 9가지 습관

01 당신의 하루 시간을 기록하라

"김 과장, A건 상무님 지시야. 급하게 5시까지 자료 완성해 달래."

"네"

"김 과장 B건은 회신 나갔어?

"네? 아까 지시하신 일 때문에"

"아직도?"

"…"

"아니 그건 그거고, B건은 원래 김 과장이 맡은 일이잖아."

"…"

"바쁜 건 알겠는데 잘 좀 하자 좀"

"…네…"

직책이 높아질수록 할 일은 많고 시간은 없다. 말단 사원이었을 때는 스스로 통제할 수 있는 시간이 적을 수밖에 없다. 의지대로 시간을 쓰기보다 선배나 상사의 지시에 따라 시간을 쓸 수밖에 없기 때문이다. 하지만 1-2년차 이후 보호받던 신입사원의 메리트가 사라지며 스스로 책임져야 할 임무들이 늘어갈수록, 본인 스스로 시간 관리를 해야 함은 필수적이다.

출근하면 매일 쏟아지는 것이 업무 메일이고, 잠시만 확인을 못해도 쌓여있는 것이 업무 요청과 결재서류들이다. 관리부서에서 매일 요구하는 취합자료는 뭐 그리 많은지, 임원의 지시로 급히 처리해야 하는 일도 많다. 요청 받고 지시 받은 일들이 많은 틈에서 담당하고 있는 업무들을 정해진 시간 내에 해내는 방법은 무엇일까? 그것은 하루를 기록하는 것부터 시작된다. 당신은 하루를 기록하는 습관이 있는가? 하루를 기록하는 건 어떤 의미일까? 시간을 기록한다는 건 시간을 통제함을 의미한다. 시간을 통제할 수 있어야 하루를 관리할 수 있는 것이다. 하루 기록의 예를 보자.

습관적으로 아침 출근준비를 하는 샤워시간이나 지하철 출근길에서 오늘 해야 하는 일들이 생각이 난다. 출근하면 어제 밤 퇴근하기 전에 오늘 해야 하는 일들을 써놓은 리스트를 같이 살펴보면서 오전 시간과 오후 시간에 해야 하는 일들을 정리하는 것이다.

　나의 출근 후 오전 업무의 시작은 거래처에 프로젝트 진행 상황을 보고하는 메일을 보내는 것으로 시작한다. 다음은 나의 하루 시간기록이다.

9am －9:30am　메일 체크 후, 거래처에 진행상황 update 메일 보내기
　　　　　　　해외거래처 메일 회신
9:30–10:00am　팀 회의
10:10am–10:50am 거래처 확인 전화/ 시황체크 및 프로젝트 진행상황 확인/
10:50am–11:20am 오전 내 제출해야할 취합 업무 처리
11:20am–11:50am offer준비
*12시까지offer제출
12:15–1:15pm 점심시간
1:15–2:00pm 메일확인 / follow up
*2:00–3:00pm 사내 seminar 참석
 3:10–3:45pm 계약진행 건 검토
 4:00–4:30pm 법무팀과 진행 건 내부 회의
 4:40–5:10pm 성약 건 시스템 입력
 5:10–5:30pm 메일 확인 및 회신
 5:30–6:30pm 자료 정리
*7:00pm 거래처 저녁약속(외부미팅)

하루 시간 사용을 기록을 하면 다음과 같은 세 가지 장점이 있다.

첫째, 중요한 일을 우선적으로 하게 된다

둘째, 놓치는 시간을 줄일 수 있다

셋째, 시간대별 집중도가 높은 업무를 파악할 수 있다

시간을 기록할 때 하루 일정 중 미리 정해져 있는 거래처 미팅이나 회의시간, 데드라인이 있는 안건부터 기입을 한다. 거래처에서 방문하는 날이나 외부미팅의 날이면 시간할애가 상당하다. 이런 날에는 그날 꼭 처리해야 하는 긴급한 안건을 우선적으로 처리하는 일정을 계획하는 것이 현명하다.

또한, 기록을 하면 무심코 흐르는 시간을 막을 수 있다. 동료나 선배가 커피브레이크로 부르면 내려가서 잠시 휴식을 취하고 다시 올라와 바로 회의에 들어가고, 그렇게 시간을 보내다 보면 어느새 오후 5시가 되어 일을 시간 내 끝마치지 못한 경험이 있을 것이다. 거래처에서 오는 전화를 받고, 메신저를 하고, 메일을 회신하고 나면 훌쩍 지나가는 시간이지만, 시간을 기록하며 업무를 진행하다 보면 놓치는 시간을 통제할 수 있다.

결재를 맡아야 하지만 상사가 부재중일 때는 마냥 기다리며 시간을 보내는 것이 아니라, 그 시간에 메일을 보낸다거나, 다른 업무를 함께 해내는 것이 필요하다. 회사업무는 어떻게 시간을 현명하게 쪼개 쓰느냐가 중요하기 때문이다.

또한, 하루를 기록하다 보면 시간대별 업무 집중력을 파악할 수 있다. 시간대별 집중력이 다르다 보니, 시간대별로 해야 할 일이 다르다. 오전 시간 바쁘게 돌아가는 업무시간 안에 해내야 하는 일이 있고, 오후에 조금은 여유를 갖고 해내는 일이 구별되어야 한다. 또한, 팀 단위로 급히 진행되는 안건이 있는 경우는, 본인의 일보다 우선적으로 해결하는 것이 중요하다.

하루를 기록하다 보면 업무별 효율성도 체크할 수 있다. 오전 시간대에 업무를 처리하면 A건이 2시간이 걸리던 일이 오후 시간에 처리할 경우 40분 안에 해낼 수 있음을 깨달을 수 있다. 꼭 끝마쳐야 하지만 데드라인이 없는 일의 지연시키는 습관도 하루를 기록하다 보면 미뤄지는 것을 막을 수 있다.

세계일보 〈김현주의 일상 톡톡〉기사에서 언급된 시장조사전문기업 마크로밀엠브레인의 시간활용관련 조사에 따르면 직장생활이나 학업으로 인한 절대적인 시간의 부족보다 끊임없이 무엇인가를 해야 한다는 강박과 압박, 스트레스 등이 불안감을 불러 일으켜 시간 부족에 쫓기는 부담을 많이 느낀다는 것이다. 하지만 이와 같은 심리적인 압박도 시간을 기록하면서 부담감을 줄일 수 있다.

해야 하는 일들로도 하루가 부족하다. 하지만, 시키는 일을 넘어 신규 거래처 개발 및 연구하고 거래처와 마켓의 동향까지 살피며 담당한 업무를 더욱 개선하고 보강하기 위해 개인적인 노력과 시간도 들이기 위해 시간관리가 필수다.

시간의 압박 속에서 해야 하는 일들과 급작스럽게 지시받는 일을 현명하게 완료하는 방법은 무엇일까?

첫째, 급하게 지시되는 일들의 마감시간을 확인한다. 언제까지 요청이 들어온 일인지 확인하고 처리를 해야 한다. 지시하는 입장에서는 무조건 "빨리" 라는 입장이기 때문에 자신이 하려는 일, 해야 하는 일보다 중요성이 더 높은지 무엇이 급한 안건인지를 확인해야 한다.

둘째, 업무의 중요도와 업무를 지시한 사람의 직급에 따라 먼저 해야 하는 일을 결정한다. 임원이 지시한 업무나 다른 팀의 상사가 시킨 일을 우선적으로 하는 게 중요하다. 평소 하는 업무의 취합자료는 동료에게 양해를 구할 수 있는 일이지만, 상사가 지시한 업무는 중요도에 따라 우선적으로 끝마치는 것이 옳다.

셋째, 여유를 갖는 것이 중요하다. 많은 일들을 급하게 부여 받게 되면 마음이 조급해지고 스트레스만 쌓이게 된다. 하지만, 시간 내에 해결할 수 있고 일을 능숙하게 해낼 수 있다는 마음가짐으로 일하면 끝마칠 수 있는 것이 회사 업무이다.

하루 시간을 기록하는 것은 결국 시간을 얻기 위함이다. 하루가 지나고서 특별히 한 것도 없는데 시간이 흘러간 것 같은 느낌이 드는 사람이라면 더욱 하루 시간을 기록하는 습관을 들여야 한다. 바쁘게 일을 하고서도 성취율이 낮다면 시간 관리에 실패한 것과 마찬가지일 것이다. 급하게 시키는 일만 하는 시간사용에서 벗어나 스스로 통제할 수 있는 업무시간을 관리하는 것이 중요하다. 시간을 기록하면 당신이 부족하다 생각하던 시간이 한-두 시간 늘어나는 경험을 하게 될 것이다. 오늘부터 하루 사용하는 시간을 기록하는 습관을 가져보자.

> **tip!** 하루 시간을 기록하면 좋은 장점 3가지
>
> ✓ 중요한 일을 우선적으로 하게 된다
> ✓ 놓치는 시간을 줄일 수 있다
> ✓ 시간대 별 집중도가 높은 업무를 파악할 수 있다

02 시키기 전에 끝마쳐라

"어떤 작업이라도 자신이 지배하면 유쾌하고 복종당하면 불쾌하다."
프랑스 철학자 알랭의 말이다. 직장인이 갖는 스트레스 중 하나는 가중된 업무강도와 업무마감을 재촉하는 상사 또는 거래처의 압박일 것이다. 또한 예측하지 못한 일이 계속 주어지고, 각종 관리부서에서 갑작스레 요청하는 일이 많아진다면 스트레스는 더욱 가중될 수밖에 없을 것이다. 업무스트레스에서 벗어날 수 있는 현명한 방법은 무엇일까?

우리는 대부분 지시 받는 일에 익숙해져 있다. 자체적으로 일을 만들어 한다기보다 직장인들은 대부분 지시받은 일을 해나가는 것에 익숙해져있다. 그렇다 보니 해야 하는 일들은 쌓여만 가고 직장인들이 받는 스트레스 중 하나가 상사의 압박에 의한 것이다.

성격이 급한 상사를 만나게 되면, 일을 시키고 얼마 안 되어 "다 했어?"라고 물어보는 장면도 보게 된다. 이런 상사와 함께 일할 때 현명하게 스트레스를 줄이는 방법은 시키기 전에 일을 마치는 것이다.

상사를 바꿀 수 없다면 현명하게 대처하는 것이 방법이다. "다 했어?"라는 말을 듣고 싶지 않다면 일을 시키기 전에 끝마치는 것이 중요하다. 급작스럽게 다른 부서나 거래처에서 요청한 일이 아니고서, 일의 진행 상황 또는 매주 반복되는 업무 속 상사가 요구하는 자료가 있다. 반복되는 일의 프로세스에서 상사가 묻기 전에 일을 끝마치는 습관을 가진다면, 상사의 업무 보채기에서 벗어날 수 있다.

시키기 전에 일을 끝마칠 수 있는 방법 두 가지를 제시한다.

● 업무 마감시간을 정하라

첫 번째, 일을 부여 받았을 때 언제까지 끝마쳐야 하는 일인지 확인해야 한다. 일의 중요성과 시급함은 일을 부여하는 사람이 잘 알고 있다. 본인의 입장에서는 현재 진행하고 있는 일들이 더 급하게 느껴질 수 있기 때문이다. 일을 부여 받을 때 언제까지 필요한 일인지 확인하는 것이 우선이다. 마감시간을 정하고 업무를 시작할 때와 마감시감 없이 업무를 할 때 전혀 다른 결과를 만들어낸다.

현명하게 시간을 관리하는 두 번째 방법은 데드라인 전에 일을 마치는 것이다. 부여 받은 마감시간 전에 미리 끝내놓는 습관을 들이면 여유를 가질 수 있다. "다했어?"라는 말이 나오기 전에 미리 끝마쳐 놓는 것이 일에 대한 자신감도 키울 수 있다.

주체적으로 시간을 쓰고 통제할 수 있을 때 사람들은 자신감이 높아진다. 업무에 끌려가는 것이 아닌 미리 예상하고 진행하면 업무를 대하는데도 여유가 생길 것이다.

● 업무를 제대로 파악하는 것

결국 시키기 전에 일을 끝마친다는 것은 상사가 원하는 바, 지시하는 바를 정확하게 파악을 하고 있다는 것이다. 그것은 또한 업무에 책임을 갖고 본인이 책임 가진 업무를 수행하는 것과 같다. 하지만, 의외로 자신에게 주어진 일을 제대로 파악하지 못해 엉뚱한 업무를 처리하느라 시간과 에너지를 쏟는 사람들이 많다. 그들에게 다음 우화를 들려주고자 한다.

어느 날 밤, 물라 나스루딘이 가로등 아래서 뭔가를 찾고 있었다. 지나가던 행인이 무슨 일인지 물었다. 나스루딘이 열쇠를 잃어버렸다고 대답하자 친절하게도 행인은 열쇠 찾는 것을 같이 도와주었다. 한 시간이 넘게 찾아봤지만 열쇠를 찾을 수 없자 행인은 나스루딘에게 물었다.

"여기서 잃어버린 게 맞나요?"

나스루딘이 어두운 골목길을 가리키며 대답했다.

"아니요, 저기 컴컴한 곳에서 잃어버렸습니다."

나스루딘의 대답에 어이없던 행인은 화를 내며 물었다.

"그런데 왜 이 가로등 밑에서 열쇠를 찾고 있는 건가요?"

나스루딘이 대답했다.

"여기가 환하니까요."

이런 어처구니없는 상황이 주위에서도 일어나고 있지 않은가?

"지시하신 일이 이 부분 아닌가요?"

"아니지, ∞ 알아오라고 했잖아"

업무의 핵심을 제대로 파악하지 못해 엉뚱한 곳에 시간과 에너지를 낭비하는 사람들이 많다. 지시한 일의 초점을 맞추지 못하면 결국 두 번, 세 번 일하게 된다. 지시한 사람이 명확히 지시를 내려야, 업무를 받은 사람도 제대로 일을 할 수 있다. 지시를 주고받는 위치에선 각자의 관점이 다르기 때문에 서로 다르게 이해하는 게 다반사다. 업무를 지시했을 때 상대방이 제대로 업무를 처리했는지 확인을 하거나, 진행 단계마다 조금씩 확인하는 것이 중요하다.

또한, 상사가 일을 시키고서 답답해하는 것 중의 하나는 중간보고가 없을 때이다. 일의 진행상황을 보고 하지 않는 것이 그들은 답답한 것이다. 업무를 받은 입장에서는 본인이 지시 받은 업무가 맞는 것인지 확인하는 습관과 함께, 업무의 진행상황을 보고한다면 믿음직스런 직원으로 인정받을 수 있다. 업무를 정확하게 파악하고 시간과 에너지가 적게

드는 효율적인 방법을 찾는 것이 시키기 전에 끝마칠 수 있는 방법이다.

첫 단추부터 잘못 꿰면 모든 게 흐트러지는 것처럼 업무도 처음부터 제

대로 시작해야 시간도 에너지도 낭비가 없다.

tip! 시키기 전에 일을 끝마치는 비법

- ✓ 스스로 업무 마감 시간을 정하라
- ✓ 지시받은 업무를 제대로 파악하라
- ✓ 중간보고를 통해 업무의 방향성을 확인하라

03 집중 업무시간을 설정하라

아침 9시부터 저녁 6시까지 하루 8시간이라는 업무시간 동안 계속 집중력을 갖고 일을 할 수는 없다. 일에 몰두하고 싶어도 몰려드는 거래처 또는 고객의 전화응대와 계속되는 메일확인에 기본 업무를 방해받지 않고 계속 유지 하는 것은 어렵다. 시간의 벽을 넘어 업무의 한계를 돌파하는 1등의 업무방식은 무엇일까? 그들은 집중 업무시간을 가진다는 것이다. 치열할 정도로 업무시간에 집중도가 높다. 업무가 설렁하게 짜인 사람일수록 휴식하러 가는 시간이 많다. 하지만, 업무가 과중한 날이나 중요한 일이 급박하게 진행되는 경우는 자리를 비우는 일이 쉽지 않다. 우리는 제대로 된 방식으로 스마트하게 일하고 있을까?

고 정주영은 사보 인터뷰에서 "노는지 마는지, 일하는지 마는지 하지 마라. 아무 생각 없이 60년을 사는 사람이 있지만 생각을 하며 사는 사람은 보통사람의 10배, 100배의 일을 해낼 수 있다. 노는 자리에 가서 노는지 마는지, 일하는 시간에 일하는지 마는지, 자는 시간에 자는지 마는지 하는 사람을 질타하는 이유도 바로 이 때문이다." 라고 말했다. 이처럼 무엇을 하든 주어진 시간에 몰입을 하는 것이 남들과는 다른 성과를 낼 수 있는 기본이다.

LG 유플러스는 9시부터 11시까지 집중 업무시간으로 설정했다. 사람들이 커피를 마시러 내려가는 자리를 뜨는 시간을 최소화 하고자 하는 것이다. 특히 거래처에서 오전 시간 전화가 왔는데 자리가 비워있으면 안되니 대부분 자리에 앉아 업무를 집중하는 것이다. 《오늘부터 출근》방송을 보면 출연자가 팀장에게 집중업무시간에 자리를 비워 질책을 당하는 장면이 나온다. 회사에서 정한 집중업무시간은 오전 9시부터 11시, 오후 2시부터 5시까지인 경우가 많다. 고객이 활발하게 일하고 문의가 많이 들어올 업무시간에 자리를 지키는 것이 필수라고 여기는 것이다.

당신에게 집중 업무 시간은 언제인가? 아침 9시 출근하여 메일을 체크하고 현재 진행되고 있는 프로젝트 경과를 확인하고, 거래처에 전화를 걸어야 하는 경우에는 되도록 9시 반이 넘는 시간에 하게 된다. 전화를 거는 입장에서도 받는 사람 입장에서도 서로 부담이 적다. 상대방도 업무가 파악이 되고 나서 전화 받는 것이 여유가 있고, 불편하지 않기 때문이다.

여기서 말하는 "집중 업무시간"의 의미는 이메일 확인도 우선순위에서 잠시 미뤄두고 걸려오는 전화를 제외하고 오로지 일에만 집중해야 하는 시간을 의미한다. 이 시간에는 메신저도 '자리 비움'으로 설정할 만큼 업무에 대한 집중이 필요하다.

'집중 업무시간'을 가져야 하는 이유가 뭘까? 우리는 회사에 있는 동안 전화, 메신저, 핸드폰, 상사 또는 타 부서의 지시에 노출되어있다. 특히나 요구사항을 많이 받는 부서라면 더욱 자신의 계획대로 시간을 활용하고 업무를 보기보다 갑작스레 주어진 일을 처리하는 것이 급선무 일 때가 있다. 집중 업무시간은 취합자료를 할 때나 보고서를 쓸 때, 프로젝트를 진행할 때 가지는 것이 가장 효율적이다.

남들과 같은 업무시간에 전혀 다른 업무성과를 내는 이유는 무엇일까? 업무를 대하는 태도가 차이일 수도 있지만, 주어진 시간을 어떻게 효율적으로 극대화할지 생각의 차이이다. 토머스 에디슨은 하루 18시간씩 일을 한 것으로 유명하다. 그가 몰입한 연구의 시간은 그는 일이라 생각하지 않고 즐겼다. 그런 그에게 어느 날 한 친구가 물었다.

"성공을 목표로 하는 사람이라면 누구나 자네처럼 하루에 18시간을 일해야 하는가?"

그러자 에디슨은 대답했다.

"그렇지 않아. 사람은 누구나 깨어있는 시간 동안 뭔가를 하지. 직장에서 일을 하든지, 가족들과 시간을 보내기도 하고, 신문을 읽거나 산책을 하네. 만일 그들이 7시에 일어나 11시에 잠자리에 든다면 그들은 16시간을 활용한 셈이지. 나 역시 마찬가지라네. 단지 그들과 나의 차이는 그들은 한 번에 많은 일을 하지만, 나는 오직 한 가지에 집중한다는 거야. 만일 사람들이 진짜 원하는 한 가지 목표에 집중한다면 그들 역시 성공할 수 있을 걸세. 다른 모든 것을 포기하고 매달릴 단 하지 목표 말일세."

에디슨의 말처럼 업무시간 중 한 가지 일에만 몰두하는 습관이 필요하다. 직장생활을 하다 보면 한 번에 여러 가지 일을 동시에 처리해야 하는 능력이 요구된다. 하지만 한 가지 일에 집중하는 시간을 갖다 보면 일에 대한 몰입도가 높아져 업무 정확도가 높아지고 속도도 빨라질 수밖에 없다. 당신에게 필요한 집중업무시간은 적어도 오전 1시간, 오후 2시간이 될 수 있도록 하라. 이 시간 동안은 주위의 방해 없이 온전히 업무에 집중할 수 있는 시간으로 만들어라.

단순한 집중업무시간 설정이 아닌 앞서 언급한 스웨덴의 6시간 근무처럼 하루 근무시간을 줄여 업무의 효율성을 높인 회사가 국내에도 있다. OECD 국가 중 근무시간이 멕시코 2237시간에 이어 2163시간으로 2번째로 긴 한국 사회에서 이 회사는 9시에 출근하여 오후 4시쯤 퇴근을 한다. 연간 근무시간 1417시간으로 덴마크 1411시간과 비슷한 노동시간의 기준을 갖고 있다. 보리출판사는 2012년 3월부터 6시간 노동제를 시행하고 있다. 철야근무를 당연시하는 출판계에서 이 제도를 도입했을 때 말이 많았다. 하지만, 그것은 염려에 불과했다.

보리출판사 6시간 노동제 규칙은 4가지이다.

1. 하루 6시간 (오전 9시 – 오후 5시) 주 30시간을 기본 노동시간으로 주 5일을 근무한다. 토요일은 휴무한다.
2. 노동시간 감축에 따른 임금 감소는 없다.
3. 연장 근로가 발생했을 때는, 연장 근로시간만큼 적립해서 휴가로 쓰는 '시간 적립제'를 적용한다.
4. 적립한 시간은 대체휴가로만 쓸 수 있고 수당으로는 지급되지 않는다.

보리출판사는 줄어든 업무 시간만큼 업무 집중력을 높이고 불필요한 회의를 줄였다. 불가피한 연장 근무를 할 때 시간만큼 적립해 휴가로 대체한다. 연장 근무를 한만큼 돈으로 주게 되면 사람들이 더 일하려는 심리가 있으니, 휴가로 대체한 것이다. 회사의 매출도 3%대나 늘었다고 하니 주변의 불안감마저 씻어내는 스마트워크 근무제이다.

근무시간을 늘림으로써 업무 생산력을 높이는 시대는 지났다. "미국의 산업자본가 폴 게티는 "어떤 일이든 더 빠르고 더 낫게, 또 더 경제적으로 해낼 수 있는 수단을 지닌 사람은 자신의 손가락 끝에 미래와 큰돈을 지닌 사람이다." 라고 말했다. 집중업무시간을 잘 활용함으로써 스스로 남들이 인정하는 업무 성과를 내 저녁이 있는 삶을 만들어내는 것이 정책이 자리 잡기 전까지 스스로의 변화의 몫인지도 모른다.

노동시간의 단축은 모든 노동자들이 바라는 바일 것이다. 2012년 대선에서 민주통합당 대선후보 경선에 나선 손학규 후보의 '저녁이 있는 삶'이라는 구호가 화제가 된 적이 있었다. 누군가에게는 당연한 권리가 야근이 일상인 한국에서는 환호해야 하는 현실이 조금은 서글펐다. 근로기준법에는 '하루 8시간 근무'가 보장돼 있지만 6시 칼 퇴근은 의미가 없는 환경을 가진 회사가 대부분이니 말이다.

"시간 많이 준다고 일을 더 잘하나? 이봐, 사람에겐 능력의 한계라는게 있긴 있어. 하지만 난 이렇게 생각해. 10일 걸릴 일을 20일 기간을 주면 더 잘하는가? 그렇진 않지. 또 5일만 주면 엄청나게 부실해지나? 그것도 아니지. 문제는 말이야, 남들하고 똑같이 해서는 남들보다 결코 앞설 수가 없다는 거야. 남들 열흘 걸릴 일이라면 2-3일에 해치우고, 남들 두 달 걸릴 일이라면 한 달에 끝내야 앞설 수 있어."

정주영 회장의 말처럼 현재의 스마트 시대 글로벌 경쟁력을 갖추는 방법은 조금 더 똑똑하고 영리한 방법으로 생산성을 높이는 것이 필요하다. 단순히 업무 시간으로 성과를 내기를 기대하는 옛날 방식이 아닌,

집중 업무시간으로 생산성을 높이는 스마트 업무를 지향하는 스웨덴

같은 제도가 획기적으로 시행되는 날을 기대해 본다.

04 시간대 별 업무습관

"하루 중 가장 집중하는 시간은 언제인가?"

"스스로 파이팅! 하며 기분 좋게 일하는 시간은 언제인가?"

"동기들이나 친구들과의 메신저를 꺼두고 집중하는 시간대가 언제인가?"

다 같이 주어지는 업무시간이지만, 누군가는 업무시간 내에 맡은 일을 해내고 누군가는 야근이 일상인 삶을 산다. 물리적으로 주어지는 업무량이 야근을 요하기는 하지만, 현명하게 업무를 관리하는 사람은 주변에 꼭 있다.

반복적으로 하는 일이더라도 크게 스트레스를 받지 않고 쉽게 처리하는 때가 있다. 업무도 기분 좋게 할 때와 스트레스 받고 할 때 업무 성과에 차이가 난다. 아침에 에너지 넘치며 일하다가도 오후가 되면 자연스레 떨어지는 사람, 항상 에너지가 넘치는 사람, 오후 5시만 되면 업무의 집중도가 떨어지는 사람 등 각자의 업무리듬은 다양하다.

에너지가 넘칠수록 업무의 성과가 높다. 자연적으로 발생하는 에너지가 새로운 아이디어를 제안하거나 높은 성과를 가져온다. 하루 종일 앉아있어 허리가 아프거나 눈이 건조해져 피로감을 느낄 때에는 업무효율도 떨어지게 마련이다.

업무를 위한 최적의 시간을 찾는 방법은 무엇일까? 앞서 언급한 하루 시간 기록을 이용해 시간대마다 자신에게 맞는 집중도 높은 업무를 시간대별로 나누어 일을 히는 것이다. 집중도가 높은 시간대에 일하면 성취해낼 수 있는 일들이 증가할 것이다. 각 시간대에 맞는 업무를 살펴보자.

● 오전업무

오전에는 하루 중 집중도가 높은 시간이다. 특히 어제 야근이나 회식의 피로가 없는 날은 하루 집중도를 높일 수 있고, 자연스레 긍정적인 에너지가 높아있는 시기이다. 이때는 자료 취합을 하는 것보다는 스스로 업무진행을 파악하는 시간으로 삼는 것이 좋다. 마켓을 판단하고, 거래처와도 업무를 확인하면서 업데이트를 주고받는 시간으로 가져야 한다. 또한, 외국 거래처와 함께 진행하는 업무를 맡고 있다면 하룻밤 사이에 변경되거나 진행된 사항에 대해서 체크를 하는 것이 먼저다. 오전시간은 마켓의 상황을 파악하고, 프로젝트 진행 상황을 거래처에 보고하고 받는 것이 필수적이다.

또한, 급한 메일을 회신하는 것도 중요하다. 업무 문의를 해온 상대방 측에서는 신속하게 업무를 파악하는 것이 중요함으로 상대방이 물어오기 전에 상대방이 궁금해 할 사안에 대해 고민과 함께 먼저 예측하여 메일을 줄 수 있다면 능력 있다고 생각이 들것이다.

또한 오전에 팀 회의 또는 다른 부서와 함께 특정 회의를 갖는다면, 미리 미팅안건에 대해 확인을 하고 미리 회의 자료를 프린트하여 준비하는 것이 중요하다. 허겁지겁 회의 들어가기 5분전에 프린트 하고 준비가 안 된 상태로 들어가는 것은 총알 없이 전쟁터에 들어가는 것과 마찬가지기 때문이다. 회의에서 언급될 사항에 대해 미리 확인하고 준비하는 시간으로 여기자.

- 진행사항 체크 / 거래처 진행사항 보고

- 마켓현황 체크

- 취합자료 12시/1시까지 제출자료

- 회의 전 회의 안건 검토 및 준비

● 오후업무

오후 업무는 오전 업무보다 더욱 몰입이 요구되는 시기이다. 프로젝트 진행 사항이나 계약 건에 대해 관련자들과 미팅도 갖고, 전화업무나 메일업무 또는 보고서 작성 등 많은 업무에 집중을 요하기 때문이다. 오후 업무는 오늘 하루 계획한 일 중 중요한 업무에 가장 많은 시간과 에너지를 투입해야 한다. 또한, 갑작스레 들어오는 타부서나 거래처의 요청 업무에 순발력을 발휘해야 할 만큼 긴장감을 요하기도 한다. 급박하게 처리되는 안건에 스스로 혼동이 없도록 틈틈이 진행안건에 대해서 노트해 두는 습관이 필요하다.

오후 집중력이 떨어질 때에는 취합 업무를 하는 것이 좋다. 또한, 전화 업무를 하는 것도 상대방에서도 바쁜 시간대를 피해 서로 긴장을 조금 덜고 이야기를 할 수 있다. 바쁜 시간에 전화를 하게 되면, 서로 급하기 때문에 업무만 딱딱하게 논하고 추가로 요청해야 할 사항을 제때 이야기 하지 못하는 경우가 많기 때문이다.

오전업무에 비해 오후 업무는 근무시간이 두 배에 달할 정도로 길다. 휴식 시간이 없이 일을 하면 당연히 집중도도 낮고 효율성도 떨어지게 된다. 또한, 야근 업무까지 잦은 업이라면 중간 중간 현명하게 휴식을 취해주는 것이 업무의 스트레스에서도 벗어날 수 있는 좋은 방법이다. 하물며 기계도 오랜 시간 돌리면 속도가 느려지거나 결함이 생기는데 사람은 어떠하겠는가. 업무 틈틈이 잠깐의 휴식을 갖는 것이 남은 근무시간동안 집중력을 유지할 수 있게 하는 좋은 방법이다. 또한, 우리의 몸이 계속 한 자세로 앉아있다 보면 목, 어깨, 허리, 다리

등 온 몸에 근육이 뭉치고 통증이 오게 된다. 계속 집중하다가 누군가가 불러 고개를 돌렸을 때 어깨나 목에 무리가 왔던 경우가 다들 있을 것이다. 오랜 시간 모니터를 봐서 오는 스트레스도 틈틈이 스트레칭을 하며 풀어주는 것이 좋다. 눈의 피로감은 다른 부위보다 더 큰 피로감을 주게 된다. 건강은 항상 미연에 방지하는 것이 현명한 방법이다.

- 집중력이 떨어질 땐 취합자료
- 전화업무
- 거래처 방문/ 내방객 미팅

● 점심 거래처 미팅

시대가 변함에 따라 요즘에는 저녁시간에 회사모임을 갖기보다 가족들과의 시간을 보내는 데에 열중하는 사람들이 많다. 또한, 건강관리를 우선으로 하는 사람들이 늘어나면서 저녁 회식이나 술자리를 피하는 사람들도 늘어나고 있다. 건강상의 이유로 1일 1식을 선호하는 사람들도 늘어나고 있는 추세이다. 이때는 점심시간을 현명하게 활용하는 것이 중요하다. 서로 무겁지 않은 음식과 대화 자리로 편하게 업무 이야기를 나눌 수 있다. 물론 저녁에 비해 짧은 점심시간의 활용으로 이야기를 미처 나누지 못할 때는 추후에 전화를 걸어 다시 업무에 대해 이야기를 한다든지, 짧은 시간의 미팅의 농도를 높일 수 있는 방법을 생각하는 것이 좋다.

● 저녁 거래처 미팅

점심시간의 미팅은 짧은 시간 안에 집중한다는 점이 있지만, 아직까지도 서로 '관계'를 유지하는 것을 중요시 하는 비즈니스와 회사들이 있다. 결국 회사와 회사의 사업관계가 사람과 사람사이의 관계라고 생각하기 때문이다. 그럴 때는 저녁미팅 장소를 중요하게 여기게 된다. 저녁시간은 점심보다 시간상의 여유가 있기에 조금 더 화기애애하게 이야기를 나눌 수 있다. 그리고 천천히 저녁을 먹으면서 단순히 업무만을 이야기 하는 것이 아닌 서로 관심을 공유하는 사이가 되는 것이다.

최근의 몇 년 전부터 새로운 저녁 거래처 문화가 불고 있다. 1차 저녁 회식 문화가 강조되고 있다. 저녁 9시까지 1차의 회식 장소만을 갖도록 하는 문화이다. 서로의 건강을 위해서 또한 다음날의 업무를 위해 짧게 미팅을 갖는 분위기가 형성되고 있다. 하지만, 아직까지도 2차, 3차가 이어지고 있음은 부정할 수 없는 사실이다.

상대방과 서로 관계를 생각해서 미팅의 시간을 현명하게 조율하는 것이 필요하다. 그리고 매번 자리를 가질 때마다 오래 시간을 갖는 것보다 만날 때 부담이 없고 함께 시간을 나누기에 좋은 관계로 여겨질 수 있는 정도의 만남시간을 미팅 때마다 다르게 조율하는 것이 오래도록 관계를 유지할 수 있는 방법일 것이다.

<table>
<tr><th colspan="2">시간대별 업무습관</th></tr>
<tr><th>오전업무</th><th>오후업무</th></tr>
<tr><td>

– 메일확인

– 마켓현황 및 업무진행사항 체크

– 거래처 진행사항 문의 및 보고

– 12시/1시 전 제출자료 작성 및 검토

– 회의 전 회의 안건 검토 및 준비

</td><td>

– 프로젝트 검토

– 집중력이 떨어질 땐 취합자료

– 전화업무

– 거래처 방문/ 내방객 미팅

</td></tr>
</table>

05 퇴근 후 2시간을 활용하라

“낮의 일은 낮의 일일 뿐, 그 이상도 이하도 아니다. 그 사람이 농부이든 화가이든 낮의 양식과 밤의 휴식 그리고 여가를 필요로 한다.” 조지 버나드 쇼의 말이 퇴근 후 가져야 하는 휴식과 여가 시간에 대해 힘을 실어준다.

회사의 업무가 칼같이 오전 9시에 시작하여 퇴근시간이 한결 같은 사람도 있겠지만 그날 주어지는 일이나 남아있는 업무에 따라 퇴근시간이 일정하지 않는 사람들이 대부분이다. 퇴근 시간이 언제이든, 퇴근 후 2시간을 활용하는 사람은 하루 25시간을 사는 법을 아는 사람이다.

입사 초의 야근이 일상이던 생활에서 벗어나고서 퇴근 후 나를 위해 활용하는 시간을 점차 늘려나갔다. 퇴근을 8시 정도에 하게 되면, 회사 사무실 아래 2층에 있는 피트니스 센터에서 1시간가량 운동을 하고, 즐겨보는 야구팀의 경기가 있는 날은 야구경기를 보며 운동을 즐기는 시간을 보내기도 했다.

이 원고를 쓰기 시작했을 때는 퇴근 후 시간이 더욱 간절해 졌고 알차게 쓰려고 노력했다. 우선순위를 책쓰기에 두다 보니, 운동은 점심시간에 하게 되었고, 퇴근 후 집에 도착하면 8시 9시가 되는 시간부터 집중의 시간을 갖기 시작했다.

말콤 글래드웰이 1만 시간의 법칙을 이야기 할 때 하루 3시간 10년 동안 몰입에 가까운 시간을 투자하면 그 분야의 전문가가 될 수 있다고 한 것처럼, 오늘 하루 공들이는 두세 시간의 작은 몰입의 시간이 결국 나의 미래를 바꾸는 시간의 한 걸음이기 때문이다.

누군가에게 퇴근 후 시간은 집에 도착해서 집안일을 마무리하면, 10시 드라마가 시작이 되고 드라마를 보며 휴식을 취한 뒤 11시 예능 프로그램을 보며 잠드는 일상의 반복일 수도 있다. 또는 운동을 하면서 스트레스를 해소하거나 아이를 돌보기에 바쁜 시간이 될 수 있다. 하지만 변화를 가져오고 싶다면, 퇴근 후 2시간이라도 나를 위해 몰입하는 시간이 필요하다.

지인 중 두 아이의 엄마이자 경찰관이며 매주 하루 이틀 당직까지 서야하는 많은 역할과 책임감을 가진 A가 있다. 그녀는 퇴근 후 집에 들어오면 집안일을 끝마치고, 하루 종일 떨어져 지냈던 아이들과 함께 시간을 보낸다. 두 아이들을 잠재우기 전까지 시간은 그녀가 아이들과 보낼 수 있는 유일한 시간이다. 아이들은 유치원과 학교에서 있었던 일들을 엄마에게 이야기하기 바쁘고 엄마는 아이들의 이야기를 차분히 들어준다. 그리고 아이들이 때때로 책이 읽어달라고 할 때는 시간이 더욱 훌쩍 지나가는 것이다.

그렇게 아이들을 재우고 빨래, 설거지 등 집안일을 하고 시간을 보면 어느덧 밤 12시가 되어있다. 그때부터 그녀의 혼자만의 작업시간이 시작된다. 그녀는 사람들에게 영향력을 미칠 수 있는 책을 쓰기를 원했다. 그녀만의 스토리를 세상에 들려다 주고 싶었기에 작가의 꿈을 가지게 되었다. 하루 종일 내근을 하고, 종종 학교에 가서 아이들에게 교육 프로그램을 진행하는 일정 속에서도 피곤하지만, 일상의 변화를 꿈꾸기 시작했다. 밤 12시부터 그녀에게 아무 방해도 없이 온전히 주어지는 2시간은 그녀의 꿈 작업에 몰입할 수 있는 시간이 된다. 집중하다 잠이 올 때면 다음날 가족들의 식사를 위해 반찬을 만들면서 필사적으로 잠을 쫓기도 하고, 어떤 날에는 모니터에 한 글자로 한 페이지를 도배할 정도로 잠들어 버리는 날도 있었다. 하지만 그녀에게는 퇴근 후 2시간이 꿈을 향해 나아가기 위한 최소한의 소중한 시간이었던 것이다.

요즘은 자신의 경쟁력을 계속 키우기 위해 그리고 회사일 외에 미래를 대비하기 위해 자신의 시간을 활용하는 사람들이 많다. 그만큼 샐러던트라는 단어가 필수적으로 인식되기도 한다.

똑같은 시간을 일하는 것으로는 동료와의 차별성을 기대할 수 없다. 그리고 남과의 비교가 아닌 어제의 자신의 모습과의 비교를 통해 나 자신의 발전을 가져와야 한다. 퇴근 후 시간을 가질 때 마음가짐이 '지금 이순간이 내 인생의 가장 치열한 열정의 순간이다.'라는 생각으로 시간을 활용하는 것이 중요하다. 대부분 시작은 많이들 하지만 꾸준히 하지 못하는 것이 어려움일 것이다. 회사일이란 것이 계획한 대로 진행되지도 않을뿐더러 많은 변칙이 일어나기 때문이다. 하지만 시간 계획에도 하루 이틀의 의외성은 예상하고 계획을 세운다면 계획을 못 이뤘다는 좌절감 대신 여유가 생길 것이다.

금융회사에 근무했던 지인은 직장생활 3년 차에 자신의 커리어에 대해 고민하게 되었다. 다니던 회사도 사람들이 인정해 줄 만큼 명성 높은 회사이고 배울 점도 있지만, 스스로 사람들과 더욱 교류하며 새로운 비즈니스를 계발하는 컨설팅 업무 쪽에 관심이 많았다. 하루라도 더 빨리 준비를 하여 커리어를 쌓고 싶었던 그는 퇴근 후 시간을 활용하여 성공적으로 이직한 케이스이다.

직장생활을 병행하면서 옮기고자 하는 직장에서 외국어활용이 높음을 깨닫고, 영어 스터디 모임에 적극적으로 참여 했다. 그리고 관련업의 비즈니스 모델 스터디에도 참여함으로써 실제 관련업에 종사하고 있는 사람들과 만나며 많은 지식과 감각을 얻을 수 있었다. 또한, 서점에서 업 황과 관련된 책을 사서 읽으며 계속 관심을 갖고 준비를 하다 보니 결국 성공적으로 이직을 할 수 있는 기회를 얻었다. 그는 구체적인 목표와 계 획을 세우고 퇴근 후 시간을 관리했기에 목표한 바대로 성공적인 커리 어를 가질 수 있었던 것이다. 이직을 한 지금도 계속해서 퇴근 후 시간을 관리하고 있다. 늦게 시작한 만큼 동료들과 경쟁력을 갖추기 위해 지속 적인 공부를 하고 있다.

퇴근 후 2시간을 자신의 재능을 찾는 시간으로 가지는 건 어떨까? 커 리어 상의 변화가 아닌 자신인생의 만족감을 높이기 위한 시간 활용도 필요하다. 요즘에는 바쁘고 지치는 업무를 마친 후 긴장감에서 벗어나 캘리그라피나 그림, 운동과 같은 자신만의 혼자만의 시간을 갖는 사람 들이 늘어나고 있다.

온전히 나에게 몰입하는 시간을 갖는 것이다. 처음에는 취미로 하게 된 활동이 결국엔 시간이 쌓이고 몰입의 경지에 들어서게 되면 전문적 인 실력이 쌓이게 될 수 있다. 유명한 화가 앙리 루소는 직장생활을 하면 서 틈틈이 작업을 했다. 미술전문 교육을 배운 것은 아니었지만, 40세가 되었을 때부터 화가의 길을 걷기 시작했다. 처음 그의 그림은 비웃음을 당하기도 할 만큼 훌륭하지 않았지만, 그만의 화풍을 가지려 노력하며 계속된 작업이 쌓이다 보니 상당량이 되었다. 그리고 결국 그의 노력의 작업은 눈에 띄게 되어 작가로서 세상에 인정받게 되었다. 이처럼 처음의 취미의 활동도 결국 양이 쌓이다 보면 질이 개선되어 전문가의 경지에 이르게 될 수 있다.

퇴근 후 시간을 지속적으로 갖는 것은 쉬운 일이 아니다. 바쁜 회사 업무로 컨디션이 좋지 않을 때도 있고, 동료나 친구들과의 저녁 약속을 거절도 한두 번이 넘어가면 주위에서 지독하다, 얼마나 잘 되려고 그러는 것이냐며 응원보다 비아냥거릴 수 있다. 그러나 환경 때문에 자신의 목표를 이루는데 좌절하는 것보다 자신의 해이해 지는 마음가짐 때문에 멈출 수 있다.

오늘은 몸이 안 좋으니까, 오늘은 피곤하니까, 잠이 오니까, 등등의 이유로 하루 이틀 미루다 보면, 결국 스스로 약속한 일을 지키지 못하게 된다. 그렇게 우선순위에서 미뤄지게 되면 이룰 수 있는 일은 없다. 결국 수많은 핑계 속에 나의 꿈과 변화는 멀어져만 가게 되는 것이다.

"하루에 3시간 걸으면 7년 후에는 지구를 1바퀴 돌 수 있다." 사무엘 존슨의 말처럼 결국 오늘이 계속 쌓이다 보면 처음에 막연하고 거대한 목표도 이뤄낼 수 있다. 세월이 흘러 쌓이는 힘은 무시할 수 없다. 결국 변화를 만들어 내는 것도, 목표를 이뤄나가는 것도 목표를 세울 때 가졌던 마음가짐으로 이뤄낼 수 있다. 오늘 당신의 퇴근 후 시간은 무엇으로 채울 것인가?

✓ <u>스스로 즐기는 공부 및 활동이 되게 하라</u>
  – 누가 시키지 않아도 자신의 의지로 즐기며 몰입하게 되는 활동을 선택하자.
✓ 매일 실천할 수 있는 목표량과 시간설정으로 습관이 되게 하라
  – 꾸준히 실천할 수 있는 목표설정으로 목표를 달성할 때까지 꾸준함을 유지하자.

06 출근 시간 1시간, 직장인 서바이벌 독서하라

　'피로사회'속에 살아가는 한국인들은 OECD 국가들의 평균 근무시간에 700시간을 초과하는 시간을 직장에 얽매여 살아가고 있다. 그리고 그 피로를 과중시키는 것이 기나긴 출퇴근 시간이다. 회사에서 집까지 이동시간이 짧게는 40분에서 길게는 1시간 반이 걸리는 직장인들이 많다. 회사의 업무를 끝내고 얼른 집에서 쉬고 싶은 마음이 지연되면 될수록, 정신적으로나 육체적으로 피로가 풀리기보다 쌓이게 되는 것이다.

　누군가는 이 시간 동안 모자란 수면시간을 보충하기도 하고, 스트레스를 해소하기 위해 드라마나 영화 게임을 즐겨하기도 한다. 하지만 1년 365일의 300일에 가까운 출근일 중 우리가 출퇴근시간으로 가질 수 있는 온전한 시간인 300시간을 그저 흘러 보낸다면 너무나 큰 손실이 된다.

　대부분의 사람들이 여가시간을 원할 때 '책 읽을 시간이 없다'라는 말을 자주한다. 하지만, 시간이란 기본적으로 쓰는 습관을 들인 상태에서 늘어났을 때 더욱 효과를 발휘하는 것이다. 평소에 책 읽는 습관을 들이지 않은 사람은 많은 여유 시간이 주어져도 다른 일에 시간을 쓰기 마련이다.

　나의 출근시간은 door-to-door로 정확히 1시간이 걸린다. 집을 나서 버스정류장까지 걸어가는 시간 10분, 버스정류장에서 지하철역까지 가는 시간 5분, 그리고 한 정거장을 갈아타 1호선을 타고 서울역에 도달하는 시간 35분 중 온전히 책 읽기에 집중하는 시간은 1호선을 타고 가는 25분의 시간이다. 물론 사람들이 붐벼 책을 꺼낼 수 없을 정도로 콩나물처럼 빼곡히 서있는 날도 있다. 하지만 대부분의 날들은 자리를 잡고 책에 집중할 수 있는 날들이 많다. 이 시간 동안 스마트폰은 가방에 넣어두고 책에 몰입을 한다. 스마트폰을 손에 들고 있으면, 아침부터 시작하는 지인들의 그룹 대화창의 대화 알람에 쉽게 방해 받기 쉽다. 그래서 가방 속에 메신저의 알림을 끄고 책에 집중하는 것이다.

　'25분 동안 책을 얼마나 읽겠어.' 라는 생각을 가질 수 있지만, 책에 집중하느라 지하철역을 미처 갈아타지 못한 적도 많다. 그리고 25분 짧다면 짧고 길다면 긴 시간이지만 음악을 듣거나 스마트폰을 들여다보면 너무 오래 느껴지는 시간도 책에 집중하다 보면 훌쩍 지나가게 된다. 책에 몰입하는 날이면, 회사 부근 지하철에서 내려 회사까지 걸어갈 때도 계속 책을 들여다보며 걷기도 했었다.

책은 단지 지식만을 전해다 주는 소재가 아니다. 책 자체가 스트레스를 푸는 소재가 될 수 있다. 장르를 무엇을 읽느냐에 따라 생각을 불러일으키기도 하고, 큰 생각활동을 요구하지 않고 읽게도 만든다.

책을 자주 읽는 지인 P는 항상 책상 위에 6-7권의 쌓여있는 책이 다양하다. 도서관에서 책을 즐겨 빌려 읽기도 하고, 사 읽는 책도 상당하다. 경제 관련도서도 있고, 추리소설까지 장르도 다양하다. 사람들과의 술자리를 즐겨하기도 하지만 독서도 그만의 스트레스 해소법이 될 수 있다는 것을 느낄 수 있었다.

출퇴근길에 들여다보는 책의 주제는 가벼운 여행기에서 경제, 경영 등 실용서 관련 책까지 다양했다. 하루 종일 급박한 업무와 정신적으로 피로도가 쌓였을 때 가벼운 여행에세이를 읽으며 조금은 위안을 삼는 것이다.

가끔 출근준비를 급하게 하거나, 가방을 바꾼 날에는 책을 들고 나오지 않아 곤란해 할 때가 있었다. 퇴근시간 멍하니 스마트폰을 보고 가야하나 싶은 막막함이 들 때, 책을 회사로 배송시켰다. 오후 12시 이전에 주문을 하면 당일배송도 가능하기에 자주 이용한 서비스였다. 또는 퇴근길 지하철 역 안에 있는 서점에 들려 즉흥적으로 책 한 권 구매해서 퇴근하는 길도 기분이 좋았다. 책 충동구매는 언제나 기분이 좋고 유익하다. 지금은 인터넷으로 주문한 책들이 1-2권씩 쌓여 사무실 책상 서랍에 5-6권이 놓여있다. 언제든지 준비의 자세로 기분 좋게 퇴근길에 오를 수 있다.

개인적으로 퇴근 길 독서보다 출근 전 독서를 추천한다. 퇴근 후 독서보다 출근시간 전 독서가 좋은 점이 무엇일까? 용기와 자신감이 생긴다. 출근 전 독서는 자신감을 키울 수 있다. 책을 읽으며 준비된 자세로 임힐 수 있는 것이다. 출근 준비 전 1시간 정도 일찍 일어나 책을 읽는 습관을 들이는 것도 추천한다. 하루를 시작하는데 여유도 생기고 긍정적인 생각을 전하는 책을 읽으면, 업무를 대할 때 여유를 가지고 열중할 수 있는 것이다.

두 번째 책을 읽으면서 하루 계획을 세울 수 있다. 책을 읽다 보면 생각이 정리되고 오늘 해야 하는 일들이 문득 생각이 난다. 책을 읽으며 마음과 생각을 정리하면서 오늘 하루 어떻게 보낼 것인지 그려보고 시작하는 하루는 허겁지겁 책상에 앉아 쏟아지는 업무를 대할 때와는 전혀 다른 성과를 낼 것임에 분명하다.

세 번째 출근 전 독서는 퇴근길 독서보다 집중도가 더 높다. 하루 동안 업무에 지쳐 쉬고 싶다는 생각이 지배적인 퇴근길 대신 출근길은 서서

가는 길에도 책을 꺼내 읽을 수 있기 때문이다. 책을 꺼내 읽는 게 방해 되지 않는 공간을 확보해 책을 꺼내 읽으면 기분도 좋다. 사람들과의 밀침과 지하철 안의 혼잡함에 집중하기보다 책의 내용에 집중을 하다보면 답답한 지하철도 편안하게 느껴질 수 있다.

늦은 시간 집에 돌아와 책상에 자리를 하지만, 집중력을 갖고 오랜 시간 책을 들여다보는 것이 쉬운 것이 아니다. 하루 종일 업무에 지쳐있던 몸과 정신이 집에 오면 피로가 풀리게 된다. 긴장감이 풀리면서 자연스레 침대에 눕게 된다. 그렇다면 계획한 책읽기나 공부를 실천하지 못해 스스로 스트레스 받을 것이 아니라, 먼저 잠이 든 뒤 새벽에 자연스레 일찍 일어나 하루를 시작하는 것도 좋은 방법이다. 집중력이 떨어질 수밖에 없으니 일찍 잠이 들고 새벽 5시-5시 반쯤 자리에서 일어나게 된다. 그때부터 조용히 혼자 책상에 앉아 아무도 방해 받지 않은 나만의 시간을 갖는 것이다. 밤 시간보다 아침시간이 좋은 점은 SNS의 알림에서 벗어나 더욱 집중하기에 좋은 시간이기 때문이다.

30분이라도 좋다. 매일 30분 22일을 계속하면 총 660분, 즉 11시간 독서를 하게 된다. 지난달 책을 읽은 시간이 5시간보다 적다면, 시간이 없다는 핑계대신 출근길 독서를 시작하자. 한 달 한권 읽기도 힘들다 말하는 사람들에게 적어도 2권을 읽을 수 있는 시간인 것이다. 독서가 휴식이 되도록, 최고의 휴식을 느끼는 시간이 되도록 하자.

리더(leader)가 되기 위해 리더(reader)가 되야 한다는 말이 있다. 인생을 리드하는 사람이 되고 싶다면, 매일 리더(reader)가 되는 시간을 확보하자. 하루 업무가 시작하기 전 출근 시간 독서는 reader를 leader로 성장시키기에 충분한 시간이다.

✓ 출근 길 독서는 하루 시작의 용기와 자신감을 더해준다.
✓ 책을 읽으면서 하루 계획을 세울 수 있다.
✓ 퇴근길 보다 출근길에 집중도 높은 독서를 할 수 있다.

✓ 30분이라도 좋다. 매일 30분 22일을 계속하면 총 660분, 즉 11시간 독서를 하게 된다. 지난딜 책을 읽은 시간이 5시간보다 적나면, 시간이 없다는 핑계대신 출근길 독서를 시작하자. 한 달 한권 읽기도 힘들다 말하는 사람들에게 적어도 2권을 읽을 수 있는 시간이 된다.

07 점심시간 스트레스를 해소하라

　업무량이 높은 회사 일을 하다 보면 중간 중간 휴식이 중요하다는 것을 알 수 있다. 사람은 기계가 아니기 때문에 하루 종일 일정하게 집중력을 유지하는 건 쉬운 일이 아니다. 제대로 된 휴식이 제대로 된 집중력을 발휘하게 해준다. 점심시간 1시간 짧다면 짧고, 길다면 충분한 시간이 될 수 있지만 직장인들에게는 역시나 매번 짧게 느껴질 수밖에 없는 시간이다. 하지만, 이 시간을 어떻게 활용하느냐에 따라 여유로운 오후 근무가 이어질 수 있다.

　직장인들에게 스트레스는 빛과 그림자처럼 같이 따라 다닐 수밖에 없다. 수면시간도 부족하고 사람에 치이고, 업무에 치여 어깨근육이 자주 뭉치거나 눈이 많이 피로해질 수밖에 없다. 하지만 정신적으로 긴장상태가 계속되니 피로도가 쉽게 풀릴 리 만무하다.

또 업무 시간 내내 전화나, 대면영업으로 고객을 상대하거나 업무가 정신없이 빠르게 진행되는 업에 종사하는 사람일수록 점심시간 1시간 동안 여유를 갖는 시간을 확보해야 한다. 그래야 오전 업무보다 업무시간이 더 길고 집중력을 요하는 오후에 업무를 계속 유지할 수 있으니 말이다.

● 걷기

점심시간 걷기는 스트레스를 해소하는 가장 좋은 방법이다. 도심 속에 있는 회사에서 근무할 경우, 빽빽이 들여 있는 건물들 속에서 스트레스를 해소할 공간을 찾는 것이 좋다. 점심을 먹고 적어도 20분만이라도 동료들과 여유 있게 산책을 할 수 있는 시간을 마련하는 것을 추천한다. 주위에 산책길이 있거나, 숲이 있는 곳에 위치한 회사라면 더욱 자연 속에서 한적히 걸으며 힐링의 시간을 갖는 것이 좋다.

● 다른 부서 동료, 선배

팀원이 아닌 새로운 사람들과 시간을 가져보자. 매번 이야기하고 부딪히는 팀원들이 아닌, 다른 팀의 동료나 다른 회사의 사람과의 만나는 것을 추천한다. 매일 똑같은 사람과 비슷비슷한 주제를 다루다 보면 고인 물의 존재가 될 수 있다. 점심시간만이라도 업무 이야기는 피하고, 매일 한정된 메뉴를 벗어나 잠깐의 일탈을 가져보는 건 어떨까? 다른 팀, 본부의 분위기는 어떤지, 최대 이슈는 무엇인지 알 수 있게 되고, 더 넓은 인맥을 쌓을 수 있는 기회가 된다.

스타벅스 CEO 하워드슐츠는 매일 다른 사람과 점심식사를 하면서 다양한 사람들을 접한다. 그만큼 사람에 대한 관심을 넓히고 새로운 사업에 대한 아이디어도 대화를 통해 얻는 기회로 삼은 것이다. 새로운 주제로 새로운 자극이 될 수 있고, 회사생활을 두루 널리 편하게 하기 위함에도 다양한 분야의 사람들과의 만남은 중요하다. 회사생활을 하면서 사람을 두루 알고 지내는 것이 능력이다. 평소에 도움을 많이 요청하거나 업무에 관심 가는 팀과 자연스럽게 시간을 갖는다면 유익한 시간이 될 것이다.

● 운동

지인 N은 점심시간 회사 근처에 있는 요가학원을 이용한다. 무거운 업무에서 벗어나 여유를 찾을 수 있는 힐링요가나 아로마 요가를 자주 이용한다. 큰 움직임도 없고, 땀이 많이 흘리는 활동이 아니다 보니 점심시간 40분 요가시간으로 업무의 중간 여유를 찾는 것이다.

나는 점심시간 회사 건물 2층에 있는 피트니트 센터를 이용한다. 점심시간 주어지는 1시간이지만, 40분가량 힘껏 달리고 샤워를 하고 사무실에 올라오면 스트레스가 해소 되는 느낌이다. 누군가에게는 점심시간

맛있는 음식을 먹는 것으로 힐링이 될 수 있지만, 나에게는 가끔 혼자 몰입해서 달리는 것이 업무의 스트레스나 압박을 조금이라도 떨쳐버릴 수 있어 추천하는 방법 중 하나이다. 밥 친구 대신 피트니스 친구를 만들어 보는 게 어떨까?

● 혼자만의 시간

가끔은 혼자만의 시간을 갖는 것도 좋다. 동료 E는 점심을 빨리 먹고 자리에 앉아 쉬길 원하는 팀원들의 분위기 덕에 온전히 혼자 쓰는 시간이 늘어났다. 평소 일본 드라마를 좋아하는 그녀는 드라마도 보고 일본어 공부도 계속 유지할 수 있는 두 마리 토끼를 잡는 것이다.

점심시간 가장 생산적인 활동은 외국어를 배우거나 책을 읽는 시간이 될 수 있다. 혼자 조용히 있을 수 있는 공간을 찾아 아무에게도 방해 받지 않고 책을 읽는 건 너무 행복감을 주는 힐링의 시간이다.

또한 부족한 잠을 채우는 시간으로 활용할 수 있다. 스페인의 오후 2-3시부터의 씨에스타 시간, 즉 잠자는 시간을 갖는 것처럼 점심시간 20-30분의 쪽잠으로 오후 업무의 집중력을 높일 수 있다. 야근이 잦은 사람일수록 20-30분의 짧은 잠이라도 깊게 잠든다면 피곤이 조금은 해소될 수 있는 것이다.

●동료, 친구

긴장감을 풀 수 있게, 가장 편한 사람과 시간을 보내는 것도 중요하다. 대화가 그리워지는 날이 있다. 편한 사람과 함께 하는 것으로 긴장감과 스트레스가 풀어지기도 하는 것이다.

《힐러리처럼 일하고 콘디처럼 승리하라》저자 강인선 기자는 워싱턴 기자 활동 당시 '밥 한 끼도 이벤트'처럼 여겼다고 한다. 미국은 업무시간 이후 저녁시간에 따로 약속을 잡는 것을 실례라 여길 정도로 싫어한다. 대부분 저녁에는 가족이나 자신만의 시간을 위해 쓰는 것을 선호하기 때문이다. 그래서 점심시간의 약속이 그들에게는 더욱 익숙할 정도이다. 그녀는 미국 주요 도시의 인기 있는 식당정보가 나와 있는《자갓 서베이》를 많이 이용한다고 한다. 점심시간을 동료 또는 편한 사람들과 함께 맛있는 음식을 즐기며 스트레스를 해소하는 시간으로 여기는 것은 어떨까? 사내 식당이나 한정된 메뉴만을 습관처럼 먹기 보다는 새로운 메뉴나 새로운 식당에 방문해 보는 것이 반복되는 일상에 조금의 이벤트가 되는 기회가 될 것이다.

08 주간업무 계획표와 하루 노트를 사용해라

　"매일 아침 하루 일과를 계획하고 그 계획을 실행하는 사람은 극도로 바쁜 미로 같은 삶 속에서 그를 안내할 한 올의 실을 지니고 있는 것이다. 그러나 계획이 서있지 않고 단순히 우발적으로 시간을 사용하게 된다면 곧 무질서가 삶을 지배할 것이다." 빅터 위고의 말처럼 계획을 가지고 시작하는 하루는 지도를 갖고 시작하는 여행과 같다. 방향성을 잃지 않고 짜임새 있는 하루를 살 수 있는 것이다.

　업무 다이어리를 쓸 때, 한 달, 한 주, 하루의 계획을 함께 기록할 수 있는 다이어리를 사용하는 것이 좋다. 한 달 계획을 보면서 큰 그림을 그릴 수 있고, 한 주의 계획을 보며 업무의 강도를 조율할 수 있는 것이다.

　매일 아침 출근하면 모니터를 켜놓고 자리에 앉아 컴퓨터가 부팅되는 시간 동안 해야 할 일을 적어놓거나 살펴본다. 대부분 오늘 할 일은 퇴근하기 전에 작성해 둔 "내일 할 일"이 "오늘 할일"이 되어 해야 할 일이 나열되어 있다.

주간 업무 계획표는 한눈에 들어오게 사용하는 것이 좋다. 점심 약속 또는 저녁 약속, 거래처와의 미팅시간을 우선적으로 적어놓는다. 진행되는 프로젝트의 제출일자도 잊지 말고 기록한다.

하루 노트를 사용할 때 날짜 옆에 나를 위한 캐치프레이즈를 써놓기를 추천한다. "오늘 최고 멋진 날이야." "오늘이 내 인생에 가장 빛나는 날이야"와 같은 자신에게 응원을 불어넣는 문구나 "계약 성사" "성과 인정받기" 오늘 목표로 하는 업무의 결과를 미리 이루어진 것처럼 써 놓는 것이 기분 좋은 하루의 시작에도 도움이 된다.

특히 오늘 해야 할 일 중에 두려움을 느끼거나 머뭇거려지는 일이 있다면 이미 이루고자 하는 결과를 이룬 것처럼 써 놓는 것이 좋다. "A 거래처 전화 무사히 완료!" "성과보고 무사히 완료!" 등과 같이 어렵게 느껴져 머뭇거리는 일이 있다면 더욱 스스로에게 용기를 줄 수 있는 메모를 써놓는 것이 일을 시작하기 전에 큰 힘을 주는 방법이 된다.

해야 할 일을 to do list를 만들 때 포스트잇에 남겨 놓기보다 한 곳에 모든 스케줄을 정리하는 것이 좋다. 미팅과 약속, 전화 내용, 상사의 지시

사항 등을 스마트폰 앱 또는 노트북, 포스트잇에 따로 정리하면 나중에 찾을 때 애를 먹을 수 있다. 하지만, 한 곳에 모두 다 적어놓는 다면 기억력은 사라져도 제때 남긴 메모가 도움이 될 것이다.

거래처와 전화통화한 내용도 미팅일지처럼 기록을 해 두는 것이 좋다. 낙서하듯 전화 통화할 당시에는 흘겨 적었어도 제대로 정리를 해놓는다면 나중에 다시 메모를 찾을 경우에 요긴하게 쓰일 수 있다. 거래처에 다시 전화해서 "그때 그 내용이 뭐였죠?"라고 묻는 일이 없도록 하자. 전화를 하다 보면 상대방에서 무의식적으로 소중한 정보를 알려줄 때가 있다. 자연스럽게 전화통화를 하다 보면 마음이 편안해저 알려주기 마련이다. 이때 정보를 제대로 기록해두지 않는다면 나중에 후회할 일이 많다.

상사의 업무지시 사항이나 팀 회의의 내용도 제대로 기록할 필요가 있다. 일을 진행함에 있어 사람인지라 지시한 사람도 잊거나, 서로 다른 부분을 언급할 때가 있다. 그때 기록해 둔 메모를 보여주면서 "이때 이렇게 지시 하셨습니다." 라고 말을 한다면 서로 오해를 줄일 수 있다. 그리고 바쁜 업무시간 중, 업무를 계속 받다보면 무슨 이야기를 들었는지 뒤돌아서면 잊혀질 때가 있다. 그때마다 메모습관을 길러두면 도움이 되는 것이다.

하루 노트를 사용할 때 감정을 다스리거나 슬럼프를 극복하는 용도로도 쓸 수 있다. 업무를 하다 보면 과중 되는 업무와 급박하게 돌아가는 업무진행속도에 나도 모르게 스트레스를 쌓을 수 있다. 조그만 일에도 언성을 높이거나, 업무가 주어질 때마다 나도 모르게 스트레스를 받는 것이다. 하지만, 내가 업무의 만족감을 초심으로 돌아가듯 갖는다면 다시 마음을 다잡을 수 있다.

회사 업무는 학창시절 자신의 기분대로 과제를 진행하던 시기와는 다르다. 나와 정 반대의 취향과 성격, 가치관을 가진 사람과 조화를 가지며 융화해야 하는 공간이다. 개인적으로 업무를 처리하는 곳 일수 있지만, 결국 팀 안에서는 화합이 중요시 된다. 아무리 개인적이더라도 팀의 활동에 묻혀 가는 사람과 남을 위한 배려는 있지만 팀의 활동에서 멀어지려고 하는 사람 중, 결국 팀에 섞이는 사람을 선호하기 마련이다.

적절할 때에 화를 내고 감정을 표출 하는 것도 좋지만, 5분간 하루 노트에 감정을 다스리면서 생각해보자. 이것이 바로 화낼 일인지, '그럴 수도 있지 뭐'라고 넘길 수 있는 부분인지를 생각해보자.

인맥관리를 위해서 동료나 거래처 담당자의 중요 축하 일을 적어놓고 축하해 준다면, 상대방에서 감동을 받기 마련이다. 요즘에는 스마트폰에 저장된 전화번호로 연계된 SNS에서 알림 기능을 잘 해주지만, 미리 기록을 해 놓는다면 더욱 놓치지 않고 챙길 수 있다. 바쁜 현대사회에서 기념일을 챙긴다는 것이 쉬운 일은 아니다. 며칠 전까지 기억을 했어도, 바쁜 업무로 지나칠 수 있기 때문이다. 하지만, 하루 노트에 기록을 한다면 그날 해야 할 일이 되니 잊게 되는 일은 없다.

남들보다 조금 더 앞서고 싶다면, 하루 노트 기록습관을 들이자. 업무를 하다 보면, 기억력이라는 것은 감퇴하는데 능력 있는 사람들은 세세한 업무 내용과 미팅 때 사소한 이야기조차 기억하는 사람이 '결국 앞설 수밖에 없는 사람이다'라는 점을 느낀다. 하지만, 기억력에만 의존하는 것은 위험한 일이다. 하루 노트로 얻을 수 있는 장점이 너무 많다. 습관적으로 활용함으로써 현명한 업무생활을 이어나가보자.

4장

성공하는 사람들의 하루를 25시간으로 사는 법

01 성공하는 사람들의 시간관리 노트

성공한 사람들의 시간관리 노트를 들여다보면 단순한 일정 나열이 아닌, 성공으로 가는 길이 보인다. 앞을 내다보며 인생설계를 한 그들에게 오늘 하루에도 성공과 성장을 볼 수 있는 것이다.

길거리 노점 토스트장사에서 성공신화를 이루어낸 김석봉 대표의 성공비결은 '시간관리 노트'를 들 수 있다. 그는 집이 가난해 초등학교를 졸업하고 열네 살 때부터 일을 시작했다. 공사장 막노동, 용접공 등 수많은 직업을 전전하며 가난의 굴레를 벗어나기 위해 힘겨운 나날들을 보냈다.

어느 날 그는 스스로에게 "왜 내 인생은 제자리걸음일까?"라고 물었다. 이제까지 열심히 살기만 했지 어떻게 살아야 하는지 자신의 인생에 대한 계획도 비전도 없이 산 것이 문제라는 사실을 깨달았다. 결국 계획 없는 하루가 그를 쳇바퀴 속에서 단순히 열심히 페달만 돌리는 삶을 살게 한 것이었다.

그 후, 그는 하루 계획표를 만들었다. 그리고 하루 수면시간을 다섯 시간으로 정하고 매일 할 일의 우선순위를 정하여 실천하였다. 그리고 그는 웰빙토스트를 개발하는데 집중하였다. 오랜 습관과 마인드를 바꾸기 위해 3주 실천계획을 시작으로 3개월, 그리고 3년씩 실행하다 보니 그의 삶에 변화가 나타나기 시작했다. 환경 탓을 하던 예전과는 다르게 적극적으로 자신 인생의 문제점들을 들여다보고 근본적인 문제에 대한 해결 방안을 찾아 개선하도록 노력했다.

그는 10년 넘게 다이어리를 쓰면서 성공하는 사람들의 생활습관을 그대로 실천했다. 비록 길거리 토스트 장사지만 그는 어떻게 하면 손님들에게 기쁨을 전해줄 수 있는지 그리고 어떻게 하면 입맛을 사로잡을 수 있는지 연구에 연구를 거듭했다. 결국 그는 스스로 철저한 자기관리를 통해서 자신의 삶에 변화를 가져온 것이다.

인생의 변화를 가져오기 위해 첫 번째 해야 하는 일은 오늘 하루를 관리하는 일이다. 그리고 오늘 하루를 관리하기 위해 첫 번째 우선되어야 할 것이 하루 일정을 관리하는 다이어리를 쓰는 것이다. 기록을 한다면 스스로 오늘 하루를 어떻게 보내고 있는지 파악이 쉽게 될 수 있기 때문이다.

삼성그룹 창업주인 이병철 회장은 대단한 기록 광으로 알려져 있다. 특히 그는 하루의 시작을 그날 해야 할 일을 계획하며 시작한다. 챙겨야 할 일, 미결 과제, 알아봐야 할일, 사람들과의 약속, 방문할 곳, 전화할 곳, 구입할 책 제목, 신문이나 TV에서 본 자료 요약내용까지 꼼꼼하게 정리한다. 그는 한 인터뷰에서,

"아침 여섯 시에 일어나 목욕을 하고 정신이 깨끗해지면 그날 할 일을 메모를 합니다. 열 가지 내지 열다섯 가지가 저절로 생각이 납니다. 어제 메모했던 것을 찾아와서 대조하여 보충을 합니다. 하루 할 수 있는 기 대개 열 가지에서 스무 가지가 되지, 암만"

스스로 하루 일과를 정확히 파악을 함으로써 자신의 인생을 통제하는 삶을 살았다. 출근하면 자신이 계획한 대로 일과를 진행했다. 예를 들면 "A씨 20분"이라면 어김없이 당사자와 20분간만 면담을 했다. 정확히 시간을 분단위로 나누어 일 처리를 진행한 것이다. 퇴근 무렵 그날 실천하지 못한 것이 있다면 다시 수첩에 옮겨 적어 집으로 가져갔다. 이를 토대로 스스로 따져보고 다시 들여다보는 철두철미한 습관을 가진 것이다. 그의 기록습관은 아들인 이건희 회장에게도 고스란히 전해졌고, 또한 삼성이라는 한 회사의 문화를 만드는 바탕이 되기도 했다.

이건희 회장은 기록의 중요성을 늘 강조하며 90년대 초 신임 임원들에게 소니 녹음기와 팩스를 지급하도록 지시하며 사내 기록문화를 전

파했다. 년 초에는 지난해 자신의 스케줄을 확인하며 해외여행 몇 건, 거래선 면담 몇 건, 경영회의 몇 건, 골프회동 몇 건 등 자신의 활동을 되짚으며 금년 무엇을 해야겠다는 큰 그림을 그렸다. 그는 하루 시간 관리뿐만 아니라 진행하고자 하는 사업마다 떠오르는 구상이나, 전문가의 조언, 해야 할 일들을 항상 메모 했다.

한국인 최초 세계인의 대통령이 된 반기문 총장의 시간 관리는 어떨까? 반기문 UN 사무총장은 개인 수첩을 항상 양복 안주머니에 넣고 다니며 시간을 관리한다. 반기문 총장의 하루 일정과 몇 개월의 개인 스케줄이 담겨 있다. 2007년 9월 유엔총회 때에는 하루에만 무려 28건의 일정을 소화했다. 대통령과 총리 등 국가 원수급 인사들을 만날 때에는 20분 정도의 시간을 할애하고, 그 외에는 5-10분가량 시간을 낸다. 많은 일을 담당해야 하는 사람일수록 매일 분단위로 시간을 관리한다.

반기문 사무총장의 개인수첩을 항상 지참하는 습관은 나중에 기억에 의존하여 메모하는 습관이 아닌, 즉석에서 기록하는 노력을 엿볼 수 있다. 위의 이건희 회장, 이병철 회장, 반기문 총장의 사례를 보면 분단위의 시간관리와 노트기록이 인상적이다. 불필요한 시간을 만들지 않으려는 노력이 엿보인다. 촘촘하게 관리한 시간덕분에 그들은 남다른 성과를 낼 수 있었던 것이다.

스케줄 표를 작성하다 보면 스스로 자신의 시간사용 패턴을 확인할 수 있다. 경험을 바탕으로 계획을 짜는 것이 스스로를 제대로 분석하는데 도움이 될 것이다. 그리고 어느 시간대를 구체적으로 개선하고 업무효율성을 높일 수 있는지 파악할 수 있을 것이다.

성공한 사람들의 시간관리 노트에는 단순히 하루 스케줄만이 작성된 것은 아니다. 성공하고자 하는 다짐과 목표가 적혀 있다. 에디슨은 열세 살 무렵에 메모를 처음 시작했다. 막연하게나마 장래의 포부를 키워가던 에디슨은 '내 이름이 붙은 기념관을 만들 만큼 사회에 공헌할 수 있는 일을 하겠다.'고 생각했다. 그러나 무엇을 해야 할지는 알 수 없었다. 그래서 우선 어른들의 이야기를 듣거나 자기가 체험하고 배운 내용들을 적었다.

그는 스물두 살에 '포프 에디슨 회사'를 설립하면서, 단순한 메모 습관을 다이어리 작성 습관으로 바꾸었다. 친구이자 전신기사인 프랭클린 포프와 합명(合名)회사를 만들어 사업을 시작하면서 기록해야 할 일이 많아졌기 때문이다. 이때부터 에디슨은 매일 다이어리 형태로 기술적인 일과 해야 할 업무를 적기 시작했다. 매일 다이어리에 아이디어와 실험 결과를 적었기 때문에 나중에 특허소송이 일어났을 때도 이것을 증거자료로 이용할 수 있었다.

아무리 좋은 생각이라도 그것을 구체화하고 기술적으로 발전시켜 나가지 않으면 상품화 될 수 없다. 당신의 아이디어를 그저 구름처럼 흘려

보내고 있지 않은가? 샘솟는 아이디어를 메모하라. 단순히 메모하는 것
에 그치지 말고 그것을 다이어리에 기록하라. 자신만의 아이디어 노트
를 만들어 시간 관리와 함께 인생을 계획하라.

02 성공한 사람들의 주말습관

　성공한 사람들의 주말은 어떻게 다를까? 그들도 일반 직장인들처럼 주말에 모든 업무를 내려놓고 친구들을 만나거나 무료하게 시간을 보내는 것이 전부일까? 주말도 좋은 습관의 시간이 될 수 있다.《성공한 사람들이 주말에 하는 일》의 작가이자 시간관리 전문가인 로라 밴더캠은 성공한 사람들의 주말은 그들이 어떻게 그 자리에 설 수 있었는지 보여주는 시간이라 말했다. 성공한 사람들과 똑같이 주어지는 48시간의 시간에 그들은 우리와 어떤 차이를 만들어 내는지 알아보자.

1) 가족들과의 시간

　한동안 사람들의 마음을 뭉클하게 했던 삼성생명 〈당신에게 남은 시간〉 동영상 광고가 있었다. 서울의 한 병원에서 건강검진 결과를 받으러 방문을 한 사람들에게 검진결과를 의사가 전달해 주면서 "이런 상태라면 O년 O개월밖에 남지 않았습니다." 라며 그들에게 남은 시간이 얼마 남지 않았다는 말과 함께 검진표를 전달한다. 한 사람씩 검진표를 한 장씩 넘기면서 자신의 인생의 남은 시간이라고 생각하고 심각하게 받아들인다. 하지만, 그 시간은 다름 아닌 남은 평생 동안 가족들과 보내는 시간이 얼마 남지 않음을 말하는 내용이었다.

기러기 아빠인 56세 이건창 씨에게는 남은 시간이 1년, 40세 김영학 씨에게는 남은 시간 3년 11개월, 37세 장지현 씨에게는 1년 8개월, 38세 윤태경 씨에게는 남은 시간이 불과 7개월밖에 없었다. 건강검진 시 문진표를 통해 "당신은 어떻게 시간을 보내고 있나요?" 라는 질문에, 사람들이 작성한 퇴근시간, 취침시간, 친구들과 보내는 시간, 그리고 텔레비전을 시청한 시간을 제외한 시간이 '당신에게 남은 가족과 함께 할 시간'이었다.

53세 박명순씨는 평균수명기준 남은 시간 32년 중 일하는 시간 10년, 자는 시간 9년 11개월, TV 및 스마트 폰 보는 시간 4년 2개월을 제외한 가족과 함께 할 시간이 9개월 밖에 남지 않았다. 이제까지 남은 인생 중 가족과 함께할 시간이 많다고 생각한 사람들에게는 큰 충격일 수밖에 없었다.

가족들과 행복하게 잘 살기 위해서 많은 시간을 회사 업무에 들이지만, 생각보다 가족들과 함께할 시간이 많지 않음을 느낄 수 있었다. 인생에서 가장 소중한 것이 가족이라고 이야기를 하면서 정작 우리는 가족들과 보내는 시간을 미루고 있는 것이다. 주중에는 내 마음처럼 시간을 조율하기 힘들기 때문에 가족들과 시간을 보내기 힘들더라도 주말동안이라도 가족들과 함께 보내는 시간을 확보하려는 의도적인 노력이 필요하다.

성공한 사람들은 그들이 여유가 있어 가족들과 시간을 보낼 수 있다고 생각할 수 있지만 솔직히 그들의 업무량과 스케줄은 일반 직장인들보다 더욱 상당하다. 그들은 의도적으로 가족과의 시간을 보내려 노력하는 것이다. 당신에게 얼마의 시간이 남았는지 생각해 봤는가? 주중에 야근과 회식으로 바쁘다는 핑계로 미뤄왔던 가족과의 시간을 주말에 누려보자.

2) 주말에도 계획은 필요하다.

벤자민 프랭클린은 주말에도 해야 할 것에 대한 계획을 가져야 한다고 말했다. 그의 아버지는 항상 주말 아침 "오늘은 무슨 좋은 일을 할 것이니?" 라는 질문을 던졌다고 한다. 어릴적부터 주말에도 계획을 세워 명확하게 시간 관리한 것이 그에게 주말을 관리하는 습관으로 자리 잡았다.

토요일 아침 느지막이 일어나 TV 시청으로 하루를 시작해 일요일 저녁 TV 시청으로 마무리하는 생활이 아닌, 생산적으로 한 주의 에너지를 충전할 수 있는 시간으로 활용해 보자. 사람들이 자주 하는 말 중에 주말에 한 게 없이 시간이 지나갔다는 말을 한다. 그런 사람일수록 집안일, 가족과의 시간, 장보기, 책보는 시간, 운동, 친구와의 만남 등 계획을 미리 세운다면 시간이 없어 하지 못했던 활동을 채울 수 있을 것이다.

3) 주말의 아침 시작이 빠르다

월트 디즈니의 CEO 로버트 아이거(Robert Iger)는 주말도 예외 없이 일찍 일어나 하루 일과를 시작한다. 주말 아침시간을 늦잠 자는 시간으로 생각하는 사람들이 많다. 아침 10-11시쯤 느지막이 일어나 하루를 어영부영 시작하는 것이다. 하지만 성공한 사람들의 주말 시작은 이르다. 사람들이 대게 아침 시간을 활용하는 것이 중요한 것은 알고 있지만, 주중에만 한정 지어 생각하는 사람들이 있다. 하지만 진정한 아침 시간 관리는 주말에도 이어진다.

주말 아침 주중에 부족했던 운동을 한다든지, 가족들과 함께 여행을 떠난다던지, 독서를 하는 시간으로 활용하는 사람들도 있다. 직장인 영어 과외를 담당했을 때 주말 오전시간을 배움의 시간으로 여기는 사람들이 상당함을 느꼈다. 주중에 회식과 야근, 육아에 시달리다 보면 시간을 낼 수 없으니 주말 아침 시간을 조금이라도 배움의 시간으로 갖는 것이다.

월요병이 생기는 것은 주말 하루 시작이 늦기 때문이다. 주중 5일의 업무의 피곤을 주말 이틀에 해소하는 건 쉬운 일은 아니겠지만, 주말의 빠른 하루 시작이 조금 더 여유 있는 월요일을 맞이해줄 것이다.

4) 주말 특별한 시간을 만든다.

주말의 시간은 짧게 느껴지기도 길게 느껴지기도 한다. 금요일 퇴근 후부터 주어지는 주말의 시간 동안 스스로 하고 싶다고 목표로 했던 활동에 시간을 들여 보는 건 어떨까? 워렌 버핏은 주말에 시간 내어 자신의 취미 생활을 보낸다. 그가 즐기는 취미인 골프로 시간을 보내고, 유명한 영화배우 메릴 스트립은 뜨개질 취미를 가지고 있다.

빌게이츠는 년에 한번 생각의 주간을 갖는다. 2-3주 정도의 휴가를 사용하여 아무에게도 방해받지 않는 시간을 갖는 것이다. 책을 읽으며 온전히 생각이 주가 되는 시간을 갖는다. 주말의 시간을 빌게이츠처럼 몰입의 시간으로 가지는 것이 어떨까? 평소 읽고 싶은 책이 있거나, 또는 몰입하고 싶은 취미가 있다면 의식적으로 활동을 하는 시간으로 만들어 가족에게 양해를 구해 집중할 수 있는 시간을 만드는 것도 방법이다. 사람을 통해서 책을 통해서 또는 자연 속 활동을 통해서 스스로 충전할 수 있는 기회로 만들어보자.

5) 주말을 간단히

티모시 페리스는 주말에는 복잡하고 많은 일들보다 한두 가지에 집중하는 것으로 주말의 시간을 보낸다고 한다. 주중에 촘촘한 업무 스케줄과 사내외 많은 사람들과의 만남으로 지쳤다면, 주말의 계획을 간단히 세우는 것이 도움이 된다. 무조건 '무엇을 해야 한다'는 강박에서 벗어나 주말 동안 우선순위를 두어 한두 가지 해야 하는 일에만 시간과 에너지를 쓰는 것이다. 주말에 많은 사람들과 대화하며 지친 마음을 조용히 책을 보며 달래거나 혼자만의 시간을 쓰는데 집중할 수도 있다.

6) 활동적이 된다.

미국 보그 편집장인 안나 윈투어는 주말마다 테니스에 집중하는 것으로 유명하다. 주중에 쓰지 못한 근육과 두뇌를 자극하는 시간으로 삼는다. 주말의 긴 시간을 활용하여 활동적으로 주말을 보내는 시간이 많다.

지인 A는 주말마다 국내외 여행을 다니는 것이 취미이다. 캠핑을 즐기는 친구들과 함께 지방으로 내려가기도 하고 계절에 맞는 스포츠를 즐기러 다니는 것이다. 누군가에게는 주말마다 여행을 가는 것이 부담일 수 있지만, 이들에게는 도심을 벗어나는 것 자체가 활력소가 되는 것이다. 또한 지인 B는 주말마다 자전거를 탄다. 3-4시간 자전거를 친구들과 함께 타다 보면 몸이 지치긴 하지만 성취도가 늘어나는 느낌에 멈출 수 없다고 한다.

주말 동안이라도 새로운 환경이나 자연에 나를 노출시킴으로서 새로운 에너지를 받기에 충분하다. 주중에 회사 업무로 회사-집에 한정된 생활이었다면 주말만이라도 가족들과 함께 또는 친구들과 함께 몸을 움직여 긍정의 에너지를 흡수해 보자.

7) 돌이켜 보는 시간을 갖는다.

빌 게이츠는 주말마다 최근 일들을 곱씹어보고 돌이켜보는 시간을 갖는다. 많은 경험을 통해서 배울 수 있다는 것을 제대로 실천하는 것이다. 한동안 우리는 자신의 마음을 제대로 들여다보고 있는지, 우리의 마음은 안녕한지 들여다보는 주제가 유행했었다. 회사생활을 하다 보면 주위에서 업무나 사람들과의 관계가 경쟁속에서 스스로를 몰아붙이는 상황에 내놓는다. 자신의 의지대로 움직이기 보다는 급변하는 시대, 빠르게 움직이는 시장상황에 따라 앞만 보고 달릴 수밖에 없는 것이다. 그러다 어느새 모든 걸 포기하고 싶고 도망치고 싶은 한없이 작은 자존감을 갖고 있는 자신을 보게 된다.

주기적으로 나의 감정을 살피는 시간이 필요하다. 자신의 계획도 되돌아보면서 자신이 원하는 삶을 제대로 살아가고 있는지 인생의 의미를 갖고 살고 있는지 성찰의 시기가 필요하다. 나를 돌아보는 시간을 가져야 배려도 늘고 한층 여유를 가진 사람이 될 수 있기 때문이다. 스트레스는 나를 보살펴야 해소될 수 있다. 무조건 '견딜 수 있어' '잘 해낼 수 있어' 밀어치는 식의 응원이 아닌 제대로 방향성을 갖고 나아가고 있는지 스스로 긍정적인 확신을 심어주는 시간을 주말에 갖기를 바란다.

03 중요한 일부터 먼저 하라

"내가 내일 죽어도 이 일을 할 것인가?" 스티브 잡스는 매일 아침 세수를 하며 거울에 비친 자신에게 질문을 했다. 이 질문에 "아니다"라는 대답이 계속되면 일을 멈췄다. 해야 할 일은 많고, 경영자의 위치에 있는 만큼 시간을 뺏는 일도 많지만 무엇이 중요한지 명확히 하여 그것에 집중한 것이다. 하루 업무뿐만이 아니 인생에서도 무엇이 중요한지 안 것이 그것이 그를 성공에 이끈 길이었다.

1921년 앤드류 카네기에 의해 채용되어 38세 유나이티드 철강회사의 최고경영자가 되었던 전설적인 기업가 찰스 슈왑은 후에 철강회사를 인수하여 미국에서 가장 수익이 높은 회사를 재건했다. 그는 1930년대에 많은 책임과 업무 속에 시간 관리에 문제를 겪은 그는 아이비 리 라는 경영컨설턴트를 고용했다. 슈왑오는 리에게 "나한테 좀 더 많은 일을 처리할 수 있는 방법을 가르쳐 주면 보수는 얼마든지 주겠다."고 제안하며 자신의 시간 관리를 해 달라 부탁했다.

리는 슈왑에게 종이 한 장을 주고 다음날 꼭 해야 하는 가장 중요한 일들을 적어 보라고 했다. 그 다음에는 일들을 중요한 순서대로 열거하도록 했다.

"아침에 출근을 하면 그 목록에서 제일 위에 있는 일을 시작하고 일을 끝내십시오. 그 다음에는 두 번째 일을 하고, 그런 식으로 하루 종일 목록에 쓰여 있는 순서대로 일을 처리하십시오. 만일 하루가 끝났는데 그 목록에 있는 일들을 모두 마치지 못했어도 걱정할 필요 없습니다. 모든 일을 끝낼 수는 없지만 적어도 가장 중요한 일들은 끝낼 수 있을 겁니다. 이런 식으로 일하는 습관이 몸에 배면 제게 적절하다고 생각하는 금액을 주십시오."

슈왑은 리의 조언을 착실히 실행하였고 몇 주 후 리에게 25,000달러의 수표를 보냈다. 슈왑은 그 25,000달러가 자신이 했던 생애 최고의 투자였으며 베들레헴 스틸을 당대 최고의 철강회사로 키울 수 있었던 것도 그 시간관리 습관이라 말했다.

시간이 없다고 말하는 사람은 결국 물리적인 시간이 없다기보다 해야 하는 일 중 중요한 일을 끝마칠 시간이 없다는 것이다. 정작 중요한 일을 우선적으로 하기보다, 급급한 일 또는 떠오른 일을 우선적으로 하다 보니 정작 해야 하는 일을 끝마치지 못한 채 시간을 흘려보내는 것이다. 시간 관리의 중요한 핵심은 꼭 해야 하는 일을 우선적으로 하는 것이다. 그리고 남에게 맡길 수 있는 일이나 급하지 않은 일들은 업무의 중요도대로 나누어 차례대로 처리하면 된다.

성공한 사람들이 더욱 많은 일을 하는 것을 보면 시간은 주어지는 것이 아닌 운영해 나가는 것임을 알 수 있다. 평소 사람들이 '책 읽을 시간이 없다' 또는 '운동할 시간이 없다'는 말을 많이 하지만, 성공한 사람들은 자신이 해야 하는 중요한 일들을 우선직으로 배치한다. 아침에 잠이 깨자마자 바로 스탠드의 불을 켜 침대 위에서 책을 읽는다던지, 또는 바로 운동을 하러 나가는 것이다. 또는 점심시간을 이용하여 운동시간을 마련하거나 잠시 짬을 내서 책 읽는 시간을 만든다. 그들에게 시간은 '마련한다.'는 의미가 크다. 누구나 시간은 한정되어있다. 하지만, 훌륭하게 많은 일들을 처리하는 사람들을 보면, 그들의 우선순위가 다름을 알 수 있다.

성공한 사람들은 한정된 시간 동안 많은 업무를 보고 받고, 지시를 내린다. 한 번에 여러 가지 일을 할 수 없으니 자신을 대신하여 업무를 할 처리할 사람을 고용하는 것이다. 자료를 조사하는 사람, 외부 연락하는 사람 등을 고용하여 자신이 집중해야 하는 일에만 몰두를 하고 다른 부분은 전문가에게 맡기는 것과 같다. 그리고 자신은 더 중요하고 책임감을 느끼는 일을 우선적으로 하는 것이다. 꼭 '불안해, 내가 다 해야 해, 내가 직접 확인해야 해'라는 인식으로 모든 일을 떠안으려 하기보다는, 적절하게 일을 분배하는 것으로 시간을 버는 것이다.

단순히 바쁜 사람과 짧은 시간 속 생산적인 사람인 결과를 내는 사람이 있다. 자료를 요청해도 일이 많기 때문에 늦을 수밖에 없었다고 변명이 앞서는 사람과 우선적으로 해야 하는 일을 먼저 끝마치는 사람이 있다. 바쁘기만 한 사람은 해내는 것이 적다. 마음만 급급해 닥치는 대로 일을 하는 사람이다. 하지만, 바쁜 와중에도 여러 일을 해내는 사람들이 있다. 그들은 해야 하는 일이 명확한 사람들이다. 한정된 시간 안에서 모든 일을 해낼 수는 없다. 하지만, 해야 하는 일을 우선적으로 끝마침으로써 결국 하루 생산성을 높이고 하루 시간 가치를 높이는 것이다. 원하는 결과의 80%는 하는 행동의 20%에서 나온다는 파레토의 법칙처럼, 집중한 업무의 20%에서 하루 만족도와 성과가 나오는 것이다.

단순히 바쁜 사람은 자신이 무엇을 해야 하는지 뚜렷한 방향성이 없다. 눈에 보이는 일을 처리하기에 급급한 것이다. 하지만 데드라인을 정해놓고 우선순위와 업무의 중요도에 따라 업무를 처리한다면 '해놓은 게 없다' 는 말이 사라질 수 있을 것이다.

성공한 사람들에겐 시간은 결국 적절한 종목에 투자를 하는 것과 같다. 우량주의 주식을 지속적으로 투자하는 것이 비 우량주에 투자하는 것보다 시간과 에너지를 줄일 수 있다. 우량주의 주식은 견고한 수익률을 보장해주지만, 비 우량주는 위험성을 갖고 있는 것과 같다. 결국 길게 보면, 결국 비 우량주만이 나의 수익률을 깎는 요인이라는 것을 깨닫게 된다.

영화 '관상'에서 배우 송강호가 맡은 배역 조선 최고의 관상가 내경이 자신이 뜻하던 대로 천하를 움직이는데 실패하고 아들마저 잃은 뒤 바다를 바라보며 하는 말처럼 말이다.

"나는 저 잔물결만 보았지 큰 파도는 보지 못했소. 사람의 관상만 봤지 시대를 보진 못한 것이요."

급한 일만 우선적으로 하는 사람들은 결국 잔물결만으로 하루를 채우는 것과 같다. 하지만, 성공한 사람들의 시간관리 차이점은 큰 파도를 읽을 수 있어야 한다는 것이다. 오늘 하루 방향성을 명확히 하고 해야 하는 일에 집중할 때 인생의 차이는 오늘 하루 내가 마친 중요한 일에서 나오는 것이다.

04 계획 없이 하루를 시작하지 않는다

성공한 사람들의 하루를 25시간으로 사는 방법 중 하나는 계획 없이 시작하지 않는다는 것이다. 그들의 시간습관은 투자습관과 같이 꼼꼼하고 낭비하지 않는다. 그리고 충분히 계획을 하고 몰입한다.

성공한 사람들이 아침에 일어나 제일 먼저 하루를 계획하는 사실은 유명하다. 빌 게이츠도 아침에 일어나 가장 먼저 하는 것이 하루의 계획을 세우는 것이다. 무언가를 행동하기 전에 또는 하루를 보내기 전에 계획을 짜는 것은 결국 지도를 보고 내가 나아갈 방향을 정확히 확인하는 것과 같다.

성공한 사람들에게 비서가 항상 함께하며 그들에게 하루 일과에 대해 보고를 하는 이유가 무엇일까? 그만큼 그들의 일상은 계획에 맞춰 움직여야 할 만큼 할 일이 많다는 뜻이고, 주어진 시간 내에서 한정된 시간 안에 최고 최대의 가치를 창출해야 함을 보여준다. 전술이 없이 행해지는 스포츠 경기는 없다. 야구도 축구도 모두 전술이 앞선다. 전술이란 하루 계획과 같다. 하루 계획 없이 임하는 하루는 전술 없이 경기가 시작되는 것과 같다.

피터드러커는《성공하는 리더의 8가지 덕목》에서 성공하는 리더들이 그 위치에 설 수 있었던 것은 8가지 덕목을 가졌기 때문이라고 강조 한다. 그 중의 첫 번째는 "무엇을 해야 하는가"라고 묻고 두 번째는 "그들은 계획표에 따라 행동한다." 는 것이다. 아무리 방대한 자료와 지식을 갖고 있어도 실제 행동에 옮기지 않는다면 아무것도 이룰 수 없다. 따라서 효율적인 리더가 되기 위해 활동계획표가 필요하다고 강조한다.

"기업이 앞으로 1년 또는 2년 안에 내게 기대하는 공헌과 성과와 결과는 무엇인가?"

"이 기간 동안 내가 책임져야 할 업무와 역할은 무엇일까?"

"무엇을 해야 하는가?"

"우선순위를 어디에 둘 것인가?"

이와 같은 질문을 충분히 생각한 뒤 활동계획표를 작성해야 한다.

"활동계획표는 특정한 행동 양식으로부터 기대되는 결과에 대한 분명한 규정을 명시해야 한다. 활동 계획표가 없으면 경영자들은 계속해서 발생하는 일들의 노예가 된다. 그런데 새로운 일이 일어날 때마다 활동계획표를 매번 체계적으로 검증하고 수정하지 않는다면, 경영자들은 어떤 일이 중요하고, 어떤 일이 쓸데없는 일인지 결정할 수 없다."고 강조한다.

회사에서 업무계획표, 주간계획표 작성을 요구하는 회사도 있을 것이다. 프로젝트 별 진도표나 활동계획서를 작성 하면, 매번 작성할 때는 번거롭더라도 업무에 대한 큰 그림을 그릴 수 있다는 장점이 있다. 또한, 한꺼번에 많은 안건이 진행될 때에는 일일 또는 주간 업무계획표를 작성하는 것이 상사와 자신간의 혼동도 막을 수 있고, 업무의 진행 건에 대한 이해를 높일 수 있다. 업무계획표는 진행사항에 맞춰 유기적으로 수정을 거쳐야 한다.

업무를 시작할 때 계획을 세운다는 것은 스스로 나아갈 방향에 대해 정확히 알고 시작한다는 것이다. 프로젝트 마감일부터 시작해서, 목표하는 결과를 염두에 두어 일을 시작하는 것은 끝에서부터 시작하기에 더욱 성취도가 높다.

프로젝트를 진행하며 단계별로 업무 목표를 세우고, 점검 사항에 대해 미리 검토를 한다면, 중간에 일을 수정하거나 다시 방향성을 잡는 경우를 최소화 할 수 있다. 특히 다른 팀의 협업을 얻어야 하는 일이라면 미리 안건에 대해 설명해주고 업무요청을 하는 것이 현명하다. 급작스럽게 준비하면 어긋날 수 있는 일이 미리 준비를 한다면 서로 여유를 가지고 챙길 수 있는 일이 많기 때문이다.

나폴레옹은 자신이 승리한 모든 전투에서 애초의 계획대로 진행된 전투는 한 번도 없었다고 했다. 그럼에도 불구하고 전투에 나설 때마다 어떤 장군들보다도 면밀하게 계획을 세웠다.

성공의 위치에 선 그들에게 많은 사람들이 시간을 요구하기 때문에 개인적인 시간을 많이 누린다고 볼 수 없다. 많은 책임감을 갖고 있는 만큼 시간의 통제력을 항상 유지하는 것은 쉬운 일이 아니기 때문이다. 하지만 성공했던 리더들이 자신을 뒤돌아보는 평가의 과정을 가지며 스스로 고쳐나가는 습관을 가졌기에 더욱 시간 관리에 능숙해 질 수 있었다.

계획을 세우고 스스로 시간을 통제할 수 있다는 느낌을 갖게 되면 어떤 한 일에 착수할 때마다 집중하게 되고 성공할 수 있는 프로젝트인지 실패할 수밖에 없는 일인지도 판단할 수 있는 척도가 된다.

스스로의 행동에 질문을 하며 평가를 하는 방법은 자기 발전을 위한 최선의 방법이다. '나는 어떤 가치를 가지고 있는가?' '오늘 내가 한 일은 무엇인가?' '내가 잘한 일은 무엇인가?' '오늘 도전한 일은 가치 있는 일이었는가?' '다음 달에 집중해야 하는 일은 무엇인가?' '앞으로 무엇을 개선해야 하고, 어떤 부분을 채워야 하는가?' '효율적으로 일을 수행하기 위해 포기해야 하는 일은 무엇인가?' 이러한 질문들에 스스로 답을 해보고 개선하려는 노력을 거듭하면서 목표를 향해 올바르게 나아가는지를 경영자들은 판단할 수 있는 것이다.

05 시간단위가 아닌 분단위로 시간을 관리한다

발레리나 강수진은 매일 규칙적인 생활을 한다. 오차가 있어봐야 1-2분이라고 말할 정도이니 그녀의 완벽한 시간 관리습관을 알 수 있다. 그녀는 새벽 5시 반에서 6시 사이에 일어난다. 아침에 일어나서 가장 먼저 하는 일은 커피머신의 전원을 켜고 사우나의 물을 받는 것이다. 이 두 가지를 하는데 걸리는 시간은 1분이 채 되지 않는다. 내려진 커피를 가지고 사우나에 들어가 15분-20분 정도 사우나를 즐긴다. 매일 같이 이어지는 연습에 근육통을 조금이라도 해소하기 위해 그녀가 의식처럼 챙기는 습관이다.

그리고 바로 스트레칭을 하고 2시간 정도 연습을 한다. 2시간 개인 연습은 30여 년 동안 단 하루도 빠뜨린 적이 없다고 한다. 이 모든 것을 마치면 9시 30분을 가리킨다. 그리고 외출을 할 준비를 20분 여간 마치고 9시

50분쯤 집을 나선다. 걸어서 극장에 도착하면 10시 10분. 그때부터 저녁까지 줄곧 연습의 연속이다. 저녁에 공연이 있는 날에는 보통 밤 11시가 되어야 퇴근을 하고 집에 돌아와 간단히 씻고 잠자리에 들면 하루가 끝이 난다.

그녀의 1분 1초가 딱 떨어지는 생활은 하루아침에 만들어진 것은 아니다. 이러한 습관은 중학교 무렵 또래 무용전공 친구들보다는 늦게 발레를 시작하면서 남들과 똑같이 주어진 하루 동안 남들이 하는 것 이상의 것들을 하고자 하는 열정이 그녀를 길들인 것이다. 그녀의 이런 생활은 다른 사람과 같이 주어지는 시간 동안 해낼 수 있는 시간의 질을 높이는 방법을 연구하며 터득하게 된 것이다.

분 단위로 시간을 활용하는 것은 고 삼성그룹 창업주 이병철 회장의 시간관리 습관이기도 했다. 이병철 회장은 일과를 분 단위로 쪼개 쓰는 것으로 알려져 있다. 회사 출근 후 회사 임직원과 확인할 일이 있으면 'A 20분' 식으로 메모를 해놓고 꼭 20분 내로 시간을 한정하여 사용했다고 한다.

회사 생활을 하다 보면 잦은 회의 시간과 길어지는 전화업무로 잃어버리는 시간이 너무 많다. 회의 시간을 길게 가져가면 업무의 효율성을 높이기보다 외려 업무를 하고자 하는 의지를 떨어뜨릴 수밖에 없다. 회의를 할 때마다 했던 말을 반복하느라 1시간이 넘는 시간을 사용한다면 그것은 회의 참석자뿐만이 아닌 함께 일하는 팀원, 그리고 거래처 사람들의 시간마저도 빼앗는 것이다. 또한 회의 후 지친 마음에 커피 브레이크나 외부에 바람 쐬러 갔다 오는 시간을 생각해보라. 기나긴 회의 때문에 잃어 벌이는 시간이 많은 것이다.

당신의 업무도 분 단위로 쪼개 보자. 업무의 시간단위를 1시간으로 두리뭉실하게 정하지 말고, A 자료취합 10분, B 자료 취합 40분, 전화업무 5분, 보고서 정리 20분, 메일쓰기 10분 등 5분/ 10분 단위로 끊어 계획해 보자. 더욱 집중적으로 업무에 몰두하고 많은 업무를 능숙하게 처리하는 모습을 보게 될 것이다. 너무 조급함을 느껴 스트레스를 받는 정도가 아닌, 적당히 긴장감을 주는 시간단위로 끊어보라.

학창시절 방학 때마다 우리는 탐구생활에 있는 생활계획표의 원을 채우기 바빴다. 그때 우리가 생활계획표 대로 생활하지 못했던 것은 자신의 경험을 바탕으로 만들어 지지 않은 것도 있지만, 너무 잃어버리는 시간이 많을 수밖에 없는 계획을 세웠기 때문이다.

아침에 기상해서 씻고 아침을 먹는 시간까지는 촘촘하다. 하지만, 그 이후에 숙제시간, tv시청, 공부 등 큼지막한 시간 단위로 나눈 계획은 구체적인 계획과 시간활용이 없으니 시작부터 그저 안일하게 생각하게 되는 시간표인 것이다.

하루를 20-30분 단위로 하루를 쪼개 쓰다 보면 업무의 집중도가 높아지는 것은 확실하다. 흐르는 시간을 잡으면 그만큼 시간을 버는 첫 번째 걸음이다. 성공한 사람들의 하루 일과를 토대로 나의 일과를 그려보았다.

근무	할일	실제업무시간	예상시간
오전 근무	거래처 사업진행 체크 및 보고메일쓰기	9시-9시 40분	(40분)
	거래처 요청사항 메일 체크 및 회신	9시 40분-10시	(10분-20분)
	보고서 작성	10시-10시40분	(45분)
	팀 회의 참석	11시-12시	(30분)
오후 근무	메일 확인 및 회신	1시-2시	(40분)
	시황자료 작성 및 송부	2시-2시 40분	(30분)
	계약사항 진행체크	3시-3시 45분	(50분)
	거래처 확인 전화	3시 45분-50분	(5분)
	실적자료 취합 및 수정	4시 - 5시 10분	(1시간)
	거래처 전화 회신	5시 10분-15분	(5분)
	회의	5시15분-5시40분	(20분)
	계약 정리/ 시스템 입력	5시 50분-6시 20분	(30분)
	거래처요청사항 검토	6시20분-6시50분	(35분)
저녁 근무			

해야 하는 일을 적고 그에 맞는 업무 예상소요시간을 적는다. 그리고 우선순위에 따라 해야 하는 일을 진행해보자. 매일 또는 매주 일정하게 반복되는 업무라면 시간기록을 통해 업무 효율성을 높일 수 있다. 그리고 스스로 쌓인 시간기록을 통해서 스스로 통제할 수 있는 기반이 되는 것이다.

시험공부를 할 때나 과제를 진행할 때, 진도 목표에 따라 2-3시간 마냥 붙잡고 있는 것보다 예상 소요시간을 설정한 뒤 진행하다 보면 무심코 흘러 보내는 시간을 막을 수 있다. 그리고 한 가지 일을 마무리 못해 다른 업무를 하지 못했다는 불상사도 미리 막을 수 있는 것이다. 해야 하는 일은 많은데 진도가 나가지 않거나 업무가 쌓이기만 할 때, 위의 방법을 활용해 보자. 이전에 같은 시간 대비 업무 성취 량에 비해 훨씬 더 많은 일을 하게 되는 자신을 보게 될 것이다.

약속시간을 정할 때도 분 단위까지 세분화해서 사용해야 한다. 9시 10분, 오후 3시 45분 등 허비되는 시간을 줄이기 위해 세분화된 시간을 이용할 줄 알아야 한다. 분단위로 시간을 관리할 수 있는 효율적인 방법은 스케줄표를 이용하는 것이다. 업무 시간을 나누어 1시간 안에서도 분 단위로 업무를 쪼개 쓸 수 있도록 하는 것이다. 노트에 나의 시간을 분 단위로 쪼개 쓰다 보면 더욱 채우기 위해서라도 업무를 하나라도 더 하게 된다. 그리고 그저 흘러 보내는 시간도 줄어들게 되는 것이다. 분단위로 시간을 계획해 쓴다는 것은 결국 우리가 놓치는 시간을 붙잡고, 스스로 무엇이 부족한 가를 분석하게 되는 것이기도 하다.

하루의 시간단위가 1시간인 사람과 10분 단위의 사람의 차이는 크다. 1시간 단위로 쪼개다 보면 생활 계획표를 짤 때처럼 시간이 많다고 생각으로 하고 못내 채우는 시간이 많아진다. 하지만, 분단위로 시간을 쪼개 쓰는 생활에 익숙해지는 것이 시간을 버는 길이다.

업무를 할 때 미팅을 잡을 때나 전화약속을 잡을 때 두루뭉술하게 30분 또는 1시간씩 여유를 잡는 것보다 1시 15분, 2시 20분, 3시 45분 단위로 촘촘히 사용하는 것이 좋다.

제대로 된 시간 관리를 하는 사람은 업무시간에 있어 출발점이 이미 다른 것이다. 항상 우리는 효율적, 생산적, 효과적인 업무 방식의 중요성에 대해 이야기를 하지만, 스스로 관리 되지 않는 시간을 쓰고 있다면 항상 제자리인 업무 방식을 따르게 될 뿐이다.

06 감사일기로 하루를 마무리한다

　인생의 변화를 가져오는 가장 작은 행동으로도 큰 결과를 가져오는 일을 꼽으라면 나는 '감사일기'를 말하고 싶다. 단순히 일방적으로 바라는 마음을 전하는 기도와는 다르게, 감사 일기는 하루를 되돌아보면서 또는 하루를 계획하면서 감사함으로 마음 한편을 가득 채울 수 있다는 장점이 있다. 절박함 또는 부족함을 인식하며 행하는 기도와 하루를 되돌아보며 기분을 충만함으로 채우는 감사일기 중에서 의식적인 면에서도 후자인 감사일기가 만족감이 더 클 것이다.

　감사 일기를 처음 알게 된 것은, 블로거 이웃 '시크릿 타투'님의 감사일기 포스팅을 알게 되면서부터이다. '시크릿 타투'님은 꾸준히 감사 일기를 포스팅하는 습관을 가지고 있다. 그리고 '채팅캣'이라는 원어민 실시간 영어교정 서비스를 계발하고 TEDx 강연에도 설 정도로 주목 받는 젊은 CEO이다.

그녀의 감사 일기를 보면, 거창한 것을 언급하지는 않는다. 스스로 매일 기록에 남기겠다는 목표로 쓰는 포스팅이기에 그녀가 성장하는 모습과 목표한 바를 이뤄나가는 모습을 보는 건 너무 큰 행운이다. 그녀의 성장해 가는 모습을 보며 감사일기의 효과를 알 수 있었다. 그리고 그녀의 몇 년간 이어진 감사일기 포스팅은 많은 사람들에게 영향력을 미쳐 함께 따르고 참여하게 하는 좋은 습관이다.

감사 일기는 작은 것부터 감사함으로 채우는 것이다.

'주말 동안 좋은 날씨를 주셔서 감사합니다.'

'맑은 하늘을 볼 수 있게 해주셔서 감사합니다.'

'버스를 놓치지 않고 제시간에 탈 수 있어서 감사합니다.'

'감사 일기를 오늘도 잊지 않고 쓰게 해주신 성실함을 갖게 해주셔서 감사합니다.'

'하루를 시원한 맥주 한 캔으로 마무리하게 해주셔서 감사합니다.'

그 어떤 사소한 일도 괜찮다. 감사 일기를 씀으로써 주어진 하루 또는 나의 사고나 행동에 대해 감사함을 기록한다. 또한 식단, 운동, 업무에 대한 일도 기록함으로써 성취를 보고하는 '성공일지'의 개념으로도 쓸 수 있는 것이다.

"오늘도 원활히 계약을 성사할 수 있음에 감사합니다."

"오늘도 아무 사고 없이 지나간 하루에 감사합니다."

전 세계 많은 사람들에게 선한 영향력을 주는 미국의 쇼호스트로 유명한 오프라 윈프리는 감사 일기를 10년 넘게 써오면서 감사일기의 효과와 기적을 체험하고 널리 알리는 인물로 알려져 있다. 그녀는 특히 그녀의 책《내가 확실히 아는 것들》에서 이렇게 말했다.

"항상 감사한 마음을 가지기는 쉽지 않다. 하지만 당신이 가장 덜 감사할 때가 바로 감사함이 가져다 줄 선물을 가장 필요로 할 때다. 감사하게 되면 내가 처한 상황을 객관적으로 멀리서 바라보게 된다. 그뿐만 아니라 어떤 상황이라도 바꿀 수 있다. 감사한 마음을 가지면 당신의 주파수가 변하고 부정적 에너지가 긍정적 에너지로 바뀐다. 감사하는 것이야말로 당신의 일상을 바꿀 수 있는 가장 빠르고 쉬우며 강력한 방법이라고 나는 확신한다."

그녀는 하루 있었던 일 가운데 다섯 가지 감사한 점들을 찾아 감사 일기를 작성한다. 감사의 내용은 거창하지 않고 일상적인 것들로 채운다.

감사 일기를 쓰면 좋은 점 3가지를 꼽아보자면, 가장 큰 효능은 마음속에 자리 잡고 있는 불만이 사라진다는 것이다. 바쁜 일상에 '빨리 빨리'

'더 많이' 스스로 한없이 태우는 기질이 많은 현대인들은 쉽게 불만을 갖고 짜증을 내기 쉽다. 그럴 때일수록 감사일기가 모든 일들을 그저 지나가는 일로 대범하게 그리고 담담하게 상황을 받아들일 수 있게 한다는 점에서 가장 좋은 점이다.

두 번째 장점은 감사 일기를 꾸준히 씀으로써 스스로 성실성이 조금 더 커지고, 매일 꾸준히 쓰는 행위조차 내 인생의 최고의 습관으로 자리 잡을 수 있다는 면에서 좋은 점이다.

'내 인생이 왜 이렇게 힘들지?'

'왜 나만 힘들지?'

'왜 사람들이 내 마음을 몰라주지?' 라는 생각에 평소 사로잡혀 있다면 더욱 내 일상과 인생의 감사함에 더욱 집중해야 할 때이다. 감사함에 집중하는 습관을 들이게 된다면, 결국 내가 이렇게 글을 볼 수 있고 사람들과 대화를 할 수 있는 귀와 웃을 수 있는 감각을 가진 것에 감사하게 될 것이다. 그리고 오늘 하루 아픈 곳 없이 감사 일기를 쓸 수 있다는 것 자체가 큰 감사함이 될 수도 있음을 느끼게 될 것이다.

마지막으로 세 번째 감사일기의 장점은 신기하게도 감사 일기를 쓰다 보면 좋은 일들이 계속해서 일어남을 느끼게 된다. 나를 변화시킬 수 있는 작은 기적이 한 뼘의 감사 일기에서 시작되는 것이다.

감사의 일기와 비슷하게 '성공일기, 칭찬일기'도 있다. 성공일기나 칭찬일기는 하루 계획했던 일들 중에서 이뤄낸 일들을 적어내는 것이다.

스스로 성취감을 갖고 자존감을 높이기에 좋은 습관이 될 수 있다.

　무언가 기록을 한다는 것은 의식, 무의식적으로 스스로 머릿속에 기억을 남기는 것이다. 뇌 과학자들은 '손은 제2의 뇌'라고 말한다. 그만큼 손으로 글을 쓰고 그림을 그리는 활동들이 결국 뇌를 활성화시키고 건강하게 유지하는데 도움이 된다. 머릿속에 떠오른 생각을 종이에 적고, 특히 오늘 내가 나에게 주어진 일들에 대해 반성과 성찰을 하면서 자신감을 가지는 행위는 스스로 가능성을 높이고 잠재의식을 깨우는 역할을 하는 것이다.

　감사 일기를 쓰기에 가장 효과가 큰 시간은 하루를 마감하는 잠들기 전 시간이다. 하루를 마감하는 시간에 감사 일기를 쓰다 보면 스스로 서운하거나 좋지 않았던 일을 떠올리기보다 작은 일일지라도 기분 좋았던 일을 우선적으로 떠오르게 된다. 결국 스스로 긍정적인 생각과 기운을 불러들이는 것이다. 잠들기 전 만족감이 가득히 기분 좋은 상태를 가지면, 다음날 아침 일어나서도 기분 좋은 감정이 유지가 된다. 하루를 마감할 때 "해냈다" "이뤄냈다" "감사하다"는 감정으로 하루를 마무리해 보자. 성공에 가까워지는 방법이다.

07 절대 미루지 않는다

《하버드 새벽 4시반》의 저자 웨이슈밍은 "게으름은 모든 악의 근원이며 그것은 한 사람뿐만 아니라 심지어 한 민족 전체를 무너뜨릴 수 있다고 말했다. 성공한 사람들은 계획한 일을 미루는 습관이 없다. 미루는 것이 무의식적으로 습관이 되어버린다는 것을 잘 알기 때문이다.

사람들 누구나 노력을 한다. 하지만 성공하는 사람이 몇 되지 않는 것은 성공할 만큼의 노력을 기울이지 않기 때문이다. 성과가 날 때까지 지속적으로 노력을 기울이는 것이 중요하다. 사람들이 계획을 미루거나 게을러지는 데는 그만큼 목표가 절박하지 않기 때문이다. 성공한 사람들과 성공하지 못한 사람들의 차이는 이뤄낼 수 없는 상황에서도 이뤄낸 데에 있다. 평범한 사람들은 성공하지 못하는 이유만을 찾는다. 하지만 성공을 이뤄내는 사람은 하고자 하는 의지가 앞서기 때문에 해낼 수 밖에 없는 상황을 찾는다. 그것이 성공을 이끄는 습관의 차이인 것이다. 몸이 힘들고 바쁘고 지쳐도 결국 해내고자 하는 시도가 결국 성공을 이끌어 낸다.

"사람들은 어떤 일을 해야 하는가에 대해 수천 가지 이유를 찾지만 실제 움직이는 이유는 하나이다." 윌리스 휘트니의 말처럼 행동을 이끌어 내는 것은 절박하다고 느끼는 것에 있다. 내가 얼마나 간절히 이뤄내고자 하는 마음에 따라 오늘의 계획을 내일로 미룰 수도 아닐 수도 있는 것이다.

미루지 않고 계획한 바를 이뤄내기 위해서는 계속되는 긴장감을 갖고 임하는 것이 좋다. '이정도 까지 하면 됐어 괜찮아' 라고 스스로 납득하고 스스로에게 관대하면 할수록 계획을 이뤄내는 것은 지연될 수밖에 없다.

성공한 사람들의 미루지 않는 습관은 실천 계획을 목표에서 역으로 계산하는 방법이 있다. 일본의 경영컨설턴트인 간다 마사노리는 "99퍼센트의 사람들은 현재를 보면서 미래를 예측하고, 1퍼센트의 사람만이 미래를 내다보며 지금 어떻게 행동해야 할지 생각한다. 당연히 후자에 속하는 1퍼센트의 사람만이 성공한다." 라고 말했다. 미래 목표달성 시점부터 역으로 현재 행동을 선택하는 습관을 갖는다면 하루라도 미룰 수 없다는 것을 깨닫게 될 것이다. 매일 정해진 할당량에 따라 마무리해야 앞으로 계획을 성취하는데 무리가 없음을 깨닫게 되니 말이다.

영화 마션을 보면 화성에 간 주인공은 사고로 인해 동료들과 떨어져 혼자 화성에 남게 된다. 모든 사람들은 그와 연락이 닿지 않자 죽었다고 생각했지만, 그는 운 좋게 살 수 있었다. 다시 지구로 돌아오기 위해 한 순간도 포기하지 않는 그의 노력은 대단하게 느껴질 정도다.

화성에 혼자 살아남은 그는 구조될 기간을 예측하며 기지에 남아있는 식량과 물로 일일최소 섭취량을 계산했다. 또한 식물학자인 그는 작물을 키워 식량을 재배할 계획을 세운다. 하루하루 치열하게 계산된 하루를 살았던 것이다. 구조되기 전까지 여러 시행착오를 겪으면서 자연스레 여러 방법을 시도하게 되었고 지구로 다시 살아 돌아가겠다는 의지가 더욱 그를 치열하게 만들었다. 영화를 보며 나 자신은 이제까지 치열하게 살았는지, 게으르진 않았는지 반성을 하게 될 정도였다. 그는 동료들이 자신을 구조하러 올 것이라는 믿음으로 매일 움직였다. 결국 그의 움직임은 동료들에게 관측이 되었고, 다시 지구로 돌아올 수 있었다. 만약 그가 현실의 절박한 상황만을 바라보며 계획 없이 살았다면, 포기한 듯이 살았다면 구조는 일어나지 않았을 것이다. 하지만, 그는 구조될 것이라는 가능성 하나를 보고 많은 시도를 게을리 하지 않았다.

사소한 일에서부터 경력관리를 할 때도 끝에서부터 생각하고 계획을 세우는 것이 필요하다. '오늘 하루 괜찮겠지 뭐' 라는 안일한 생각이 아닌, 얼마의 기간이 남았으니 오늘 해야 하는 일을 제때 하지 않으면 하루 이틀 미루는 양이 결국 남은 기간 동안 더욱 목표를 이루기 힘든 업무량을 요함을 알아야 한다.

미루는 습관에서 벗어나는 방법은 먼저 끝 마쳐야 하는 업무 프로젝트 또는 달성하고 싶은 목표와 데드라인을 명확하게 정해야한다. 그리고 목표 달성 과정 중 중간목표와 단계별 데드라인을 정한다. 중간에 예상치 못한 일로 인해 계획이 변경될 수 있으니, 유동적으로 목표 달성을 관리하는 요령이 필요하다. 실천계획 중 오늘 해야 하는 일, 첫 번째로 마쳐야 하는 일을 선택해 곧바로 실천한다.

게으름도 습관이다. 업무 중에서 유난히 우선순위의 하순위에 적혀 업무가 무기한적으로 지연이 되는 경우가 있다. 기한도 특별히 정해져 있지 않고 관리 감독하는 사람이 없을 때는 실행의지도 노력도 줄어드는 경우가 다반사다. 하지만 업무를 마냥 지연시킬 수는 없는 일이다. 그리고 너무 오랫동안 지연시키다 보면 그 업무만이 또렷이 부각이 되고 상사에게 "왜 이렇게 오래 놔뒀어? 생각이 있는 거야?" 라는 지적을 받게 될 것이다.

업무 중 특별한 기한이 정해져 있지 않거나 중요도가 낮아 일주일 내지 이주 이상을 미루고 있는 일이 있다면 하루 이틀 날을 정해 그 업무를 우선적으로 집중하여 마무리하는 날을 정하는 것이 필요하다. 누군가 감독하거나 지시하는 사람이 없을 때도 스스로 업무의 마감하고 감독하는 습관을 가져야 하는 것이다.

해야 할 일을 처음부터 시작도 하지 않고 미뤄두는 것도 문제지만, 미완의 상태에서 업무를 중단하는 것도 주위 사람들이나 관계된 사람들에게 피해가 되는 일이다. 미완의 상태로 일을 미뤄두면, 나중에 더 하기 싫은 감정을 느낄 수 있다. 또한, 다른 사람이 중단한 일을 마무리 하는 경우는 더 큰 수고가 든다. 어떤 일을 제때 마무리 하지 못하고 미루게 되면 연관된 부서나 거래처에 많은 문제를 일으킬 수 있다. 사람들이 해야 할 일을 제때 하지 못하고 미뤄두는 이유는 무엇일까?

- 관심의 부족: 업무에 대한 특별한 관심이 없을 때
- 부정적 감정: 특정 업무의 복합성 또는 바로 처리하기 어려운 일을 일에 대한 부담감에 미루게된 경우
- 흥미 부족 : 재미없고 지루한 일일 경우

마감시간이 다 되어 급박하게 처리하는 업무가 정말 완성도가 높을까? 급하게 하다 보면 사람들의 목표를 달성하고자 하는 집중력이 높아

져 잘 되기도 한다. 하지만, 마감시간이 급박하게 업무를 처리한 사람은 업무를 제대로 검토하지 못하고 넘기게 되는 경우가 많다. 그리고 안일하게 '괜찮겠지 뭐, 좋게 받겠지'라고 낙관적으로 생각하며 결과를 방관한다.

일을 미루는 사람일수록 약속시간에도 늦고 준비가 미흡한 경우가 많다. 메일 회신도 미루고 전화 답신도 잘 하지 않는 경우가 많다. 업무를 일정에 맞춰 끝내거나 다른 사람들과 함께 참여하는 협업에서도 제때 역할을 발휘하지 못하는 경우가 많은 것이다.

급하게 일 처리를 하다 보면 업무 스트레스가 높아진다. 보채는 상황에서 실수도 늘어난다. 급박하게 수정이 이뤄져야 하거나 복잡한 취합을 할 때 수정이 거듭되는 경우에는 쌓이는 스트레스도 상당하다. 일을 미루는 습성은 시간 낭비의 주요 원인이 된다. 피곤할 때 일을 하면, 실수가 늘어나고 잘못한 일을 바로 잡는데도 시간이 많이 걸리는 것이 그 이유다.

스스로 업무에 규율을 정해 관리하는 것이 효과적인 시간 관리에 필수이다. 미루는 습관을 그때그때 해결하거나, 해야 할 일 목록에서 계속 쓰게 되는 일은 하루 시간을 정해서 업무를 정리 하는 것도 방법이다.

데드라인을 앞당겨 잡는 것도 방법이다. 데드라인이 임박할 때까지 일을 미뤄두면 계획을 미리 세워 여유를 가질 수 없다. 또한, 문제가 생겼을 때 보완을 하거나 수정할 시간도 부족하기 때문이다.

청춘들에게 따끔한 독설 멘토링을 전하는 유수연은 자신만의 경험과 노하우가 담긴 그녀의 책《유수연의 독설》에서 "게으른 자의 노력은 자기만족일 뿐이다. 당신의 게으른 노력이 실패를 부르는 것이다." 라고 말했다.

커리어 경력을 쌓을 때도, 관리자의 위치에 서는 것을 목표로 한다면 필요한 자질이나 업무영역을 파악한 뒤, 앞으로 몇 년간 어떤 실적과 노하우를 쌓고 경쟁력을 갖출 것인지 염두해 두는 것이 현명한 방법이다. 대학 또는 회사를 들어가기 위해 필요한 자격을 갖추기 위해 노력한 것처럼 회사생활을 하면서도 갖춰야 하는 자질 또는 이루고 싶은 목표들을 달성함으로써 목표를 이룰 수 있다.

"스스로가 할 수 없다고 생각하고 있는 동안은 그것을 하기 싫다고 다짐하고 있는 것과 같다. 그러므로 그것은 실행되지 않는 것이다. "스피노자의 말을 명심하자.

08 자신을 컨트롤하는 시간을 갖는다

　직장인들이 많이 갖는 질병이 스트레스와 피로감으로 갖게 되는 질병이다. 스트레스는 모든 병의 원인이 될 정도이다. 좋은 음식을 먹어도 잠깐씩 휴식을 가져도 스트레스는 쉽게 해소되지 않는다. 쉽게 피로감을 느끼고 정신적으로 육체적으로 자주 반복적으로 피곤하고 지치다 보면 기억력도 집중력도 잃게 마련이다. 잠을 자도 상쾌한 느낌은 없다.

　성공한 사람들에게 잘 쉬는 것도 능력이다. 성공한 사람들이 중요하게 생각하는 것이 자기 자신을 컨트롤 하는 것이다.《스웨덴 사람들은 왜 피곤하지 않을까》작가 박민선 원장은 "일을 잘 하고 싶다면, 결국 몸도 정신도 계속 리프레시가 되어야 한다."고 말한다. 성공한 사람들의 하루 컨트롤 하는 습관을 알아보며 삶의 여유를 가져보자.

1) 명상

오프라 윈프리는 매일 2번씩 명상을 하며 심신을 안정시키는 훈련을 한다. 정신을 안정시키는 것이 스트레스를 낮추고 주변에 휘둘리지 않는 나 자신의 힘을 기르게 하고 자존감을 유지할 수 있게 하는 것이다. 매일 스스로를 들여다보는 시간을 갖는 것은 필요하다. 오늘 하루를 돌아보면서 나를 칭찬하는 시간도 갖고 감사한 일을 주기적으로 생각하면서 오늘 하루 후회보다는 긍정적인 기운을 채우다 보면 자존감이 높아질 수 있다.

명상을 하는 방법으로 박찬호는 108배를 추천한다. 메이저 리그 생활을 할 때 부상으로 인해 기나긴 슬럼프에 빠졌던 그를 일으켜주었던 것은 108배와 명상이었다. 화려하게 주목을 받았던 LA 다져스 시절과 달리 부상과 슬럼프로 힘들었던 시간을 보냈던 텍사스팀 소속 시절에 그는 108배와 명상을 시작했다고 한다. 항상 올라가야 하고, 쌓아가는 것만 알던 그가 인생의 내리막길에 빠졌을 때 정신적으로 많은 좌절을 느꼈다고 한다. 그때마다 스스로를 다독이며 108배와 명상을 시작한 것이다. 그때의 명상과 108배를 통해 그는 마음을 다스릴 수 있었고, 허리 통증까지도 완화되었다.

2) 운동

매일 밤 나는 직장동료와 함께 나이키 러닝 어플을 이용하여 달리고 있다. 매일 3KM 또는 5KM 목표로 좋아하는 음악을 틀어놓고 막연히 달리는 것이다. 달리다 보면 생각이 정리되기도 하고 복잡하게 스트레스 받던 감정을 가볍게 정리 할 수 있다. 회사 생활을 하다 보면 사람 스트레스와 업무 스트레스에 시달릴 수밖에 없다. 그럴 때마다 달리기는 나에게 활력소이자 스트레스를 해소하게 도와주는 자극제이다. 업무를 하다 보면 퇴근 후 달릴 생각에 마음에 안식이 되기도 한다.

그리고 동기와 함께 챌린지프로그램을 이용하다 보니 선한 경쟁도 되어 서로 응원하는 마음도 있다. 혼자 하면 하루 이틀하고 그만두게 될 습관이 동료와 친구와 함께 참여함으로써 제대로 습관으로 자리 잡을 수도 있는 것이다.

요가나 명상을 하며 마음을 안정시키고 스트레칭 하는 사람도 있다. 하루 종일 긴장한 몸과 마음을 스트레칭과 요가로 달래는 것이다. 하루 종일 서있는 업무를 하거나, 외근이 잦은 사람에게는 몸의 긴장을 풀어주는 것이 필요하다. 하루 종일 앉아 있는 사람에게도 다리가 퉁퉁 붓거나 어깨 뭉침이 생기기 쉬운데 잠들기 전 근육을 이완시켜주면 몸의 피로를 해소해줄 수 있는 좋은 방법이다.

몸을 움직이는 활동은 스트레스를 벗어나게 하는 효율적인 방법이다. 몸에 땀이 날 정도로 힘껏 뛰다 보면 어느새 근심했던 바를 자연스레 잊은 모습을 보게 된다.

3) 컬러링북

근심 걱정 많은 일이나 화를 흘려보낼 때 제때 내보내지 못하면 결국 쌓이게 된다. 변화무쌍한 시대에 제때 스트레스를 해소하지 못한다면 화를 키울 뿐이다. 요즘 사람들에게 유행하는 스트레스 해소 방법이자 힐링의 방법은 컬러링북을 활용하는 것이다. 밑그림이 그려져 있는 도안에 색을 칠하다 보면 처음엔 아무 생각으로 시작한 것이 결국 자연적으로 치유가 된다. 색을 칠하는 과정에서 마음의 안식이 오고, 화나 부정적인 감정들을 가라앉게 할 수 있다.

직장생활을 하다 보면 업무에 휩쓸려 제때 휴식을 갖기 힘들다. 연차를 마음대로 쓸 수 있는 여유가 없는 회사도 있을 테고, 연차가 1년에 5일이 되지 않는 사람도 있을 것이다. 결국 변하지 못하는 현실에 나를 컨트롤 하는 방법은 평소에 자신을 컨트롤 하는 습관을 갖는 것이다.

4) 독서

나 자신을 컨트롤 하는 방법으로 책을 읽으며 자신을 달래는 사람도 있을 것이다. 하루 종일 회사의 업무를 하며, 업무통화와 동료와의 대화로 말 하는 것 자체가 크나큰 에너지 소비로 여겨 퇴근 후에는 말을 줄이게 되는 사람이 있을 것이다. 음악을 듣거나 말을 하거나 하는 것에서 벗어나 스스로 책을 보며 사색을 하는 시간을 갖는 시간을 선택하는 것이다. 책에서 답을 얻고 질문을 하는 과정으로 여유를 느끼고 위로를 받을 수 있다.

나는 업무의 강도가 높을 당시에는 여행 에세이나 휴가 때 계획하고 있는 여행지의 여행책자를 보면서 힐링하기도 했었다. 여행지에 대해 계획을 세우면서 스스로 힐링이 되는 것이다. 여행은 여행을 하는 당시보다 계획을 세울 때가 더 행복이 크다고도 하지 않는가?

상사에게 또는 고객에게서 말도 안 되는 일로 상처받는 일을 그저 일로서 받아들이는 사람도 있지만, 자기 스스로의 잘못처럼 받아들이는 사람이 있다. 하지만 결국 이런 것도 흘러 보낼 수 있어야 내가 행복해질 수 있는 것이다. 스스로에 대한 만족감, 업무에 대한 만족감이 적으면 회사생활을 오래 유지하는 것이 쉽지 않다. 그 어떠한 방법도 좋다. 자신에게 가장 맞고 효율적인 방법을 찾는 것이 중요하다.

09 목표지향적인 하루를 산다

　성공한 사람들이 가지고 있는 공통점 중의 하나는 뚜렷한 목표를 가지고 있다는 것이다. 단기 목표이든 장기 목표이든 그들은 한 가지 목표는 마음속에 품고 살아간다. 그렇기에 성공한 사람들에게 하루는 꿈을 이뤄가는 하루이다. 오늘 현실이 꿈을 현실로 이뤄가는 또는 꿈속에 살고 있는 과정 중의 하루라고 생각하는 것이다. 오늘 하루가 꿈을 이뤄가는 과정 중 하나이다 보니 쉽게 하루를 보낼 수 없다.

　그들에게 매일이 '성취'의 날이다. 매일 하루를 살아낸다는 것이 성공의 역사를 쓰는 것과 같다고 생각하는 것이다. 알리바바의 창업자 마윈은 뚜렷한 목표로 살았던 사람이다. 스스로 성공에 대한 의심이 없었기에 그는 회사를 창업하던 날 모든 것을 영상으로 기록하게 됐다. 성공하게 된 날, 사람들이 주목할 때 관련 자료로 사용할 수 있게 말이다.

성공한 사람들은 모두 성공한다는 생각을 갖고 살았다. 의심의 여지가 없었다. 그렇기에 마윈이 자신의 성공을 의심하지 않고 모든 것을 기록한 것이다. 그에게 하루하루는 목표를 이뤄가는 최소한의 단위였다. 미래를 내다보고 하루하루 열중하며 살다 보니, 모든 것은 자연스레 당연하게 두 손에 쥐어진 것이다.

워렌버핏이 청춘들에게 들려준 교훈중의 하나는 "리스크는 당신이 하고 있는 일이 무엇인지 모르는 것에서 시작한다." 이다. 현대 사회에서 많은 사람들이 좋은 회사에 들어오기 위해 다 같은 스펙을 갖고 달려 노력한다. 그러나 막상 들어온 회사에서 자신이 원하는 바를 찾지 못해 자신과는 다른 성향의 업무 스타일에 길게 일하지 못하고 회사를 그만둔다.

인생의 목표가 무엇인지 어떤 비전을 갖고 인생을 살아가고 있는지 뚜렷이 말할 수 있는가? 성공한 사람들 중에는 물론 자신이 '무엇인가를 이뤄야지' 라고 결심해서 이루지 않은 사람도 있다. 자신이 하는 일이 재미있고 열중하다 보니 결국 성공이 따른 일이다.

워렌 버핏이 젊었을 때 다른 사람들과 차별화 되었던 점은 자신이 돈을 벌고 모으는 일을 정말 좋아하고 그에 뛰어난 점을 알았다는 점이다. 어린 시절부터 음료수를 팔거나 신문을 배달해 돈을 벌었고, 투자가인 아버지 덕분에 11살 때 주식투자를 시작했다. 처음엔 아버지의 일을 도와 단지 그래프를 그리는 단순한 일이었지만, 옆에서 이야기를 듣고 스스로 책을 읽으며 공부하면서 계속된 주식 투자는 20살이 됐을 때 그는 9800달러를 모았을 정도였다.

자신의 오늘 하루가 무엇을 이루기 위한 하루인지 떳떳하게 말할 수 있는가? 어느 곳에 목적을 두고 살아가고 있는지 당당히 말할 수 있는 하루를 살고 있는지 대답할 수 있는가. 이제까지 방향성이 없는 하루를 살았다면, 성공한 사람들처럼 목표지향적인 하루를 살아야 한다. 뚜렷한 목표를 이루어야 한다. 꼭 회사 업무에 관한 업적이 아니어도 좋다. 올해 안에 무엇을 이루고 싶은지 자기 스스로에 대한 다짐이 있는 삶이 좋은 것이다.

목표가 있는 사람들은 아침 기상시간이 이르다. 아침에 일찍 일어나 하루를 시작한다는 것이 그들에게는 인생을 주도한다는 느낌이 들기 때문에 계속 실천하고 있다. 회사대표인 지인은 매일 새벽 4시쯤 일어나 등산을 한다. 매일 아침 남들보다 일찍 시작하여 운동을 하면서 생각도 정리하고 운동으로 체력을 관리하는 시간으로 삼는다.

작가들도 새벽시간 활용을 많이 한다. 일찍 일어나 자리에 앉아 아무도 방해 받지 않은 시간에 책을 읽고 작품 활동에 몰입하는 것이다. 아침 1시간이 오후의 2-3시간의 효과를 낼 만큼의 집중력을 낸다는 것은 잘 알려진 사실이다. 모든 사람들이 같은 하루 시간 리듬을 가질 수 없지만,

목표를 가진 사람들에게는 설렘으로 시작되는 하루가 매일 새롭기만 하다.

조그마한 목표가 있는 사람의 삶은 목표가 없이 그저 주어진 대로 시간이 흐르는 대로 사는 사람과의 인생 가치가 엄연히 다르다. 삶을 대하는 태도가 다르기 때문에 순간순간 삶에 대한 감사함도 커지고 만족도가 커지는 삶을 사는 것이다. 회사생활에만 열중한다면, 30대의 10년도 40대의 10년도 퇴직하는 전까지 단순히 그저 그런 인생을 살게 될 것이다. 하지만, 자신의 인생에 의미를 부여한다면 어제와는 다른 오늘, 작년과는 달리 더욱 성장한 하루를 살게 되는 것이다.

물론 무언가 시작하는 시점에서는 내가 하는 모든 것이 초라하게 보일 수 있다. 이 작은 행동 하나와 결심 하나로 무엇이 바뀔 수 있을까, 또 하다 포기하게 되는 것은 아닐까 생각에 자신감을 잃을 수 있다. 하지만, 행동하지 않았을 때 6개월 뒤, 1년 뒤에도 우리는 지금의 인생을 살게 될 것이지만, 오늘의 목표에서 비롯된 행동은 3개월 뒤, 1년 뒤 뚜렷한 변화를 이끌어 낼 수 있다.

중간에 포기할 수 있다. 좌절할 수 있다. 하지만 수없이 해왔던 시행착오임을 기억하자. 이미 예상했던 일이잖아! 라고 생각하며 훌훌 털고 다시 일어나면 된다. 우리는 인생을 뒤돌아보며 깨달을 것이다. 그렇게 '모든 게 다 끝이다'라고 느꼈던 순간이 나중에 보면 정확히 기억도 나지 않을 순간임을…그리고 결국 계속 일어나 앞으로 나아가는 사람이 이긴다는 것을 말이다.

주위에서 사람들이 내가 실패한 모습만을 기억할지 모른다. 하지만,
결국 앞으로 나아가 내가 목표한 바를 이룬다면, 그때부터 사람들은 새
로운 내 모습을 기억하게 되는 것이다.

5장

하루를 어떻게
보내느냐가
미래를 결정한다

01 시간관리가 곧 인생 관리다

　스페인 작가 세르반테스는 "날마다 조금씩 소홀히 하면 최후에는 아무것도 이루지 못한다." 라고 말했다. 매일 목표를 들여다보는 습관이 있어야 결국 내가 원하는 바에 도달할 수 있는 것이다. 눈에서 멀어지면 마음에서 멀어지는 것이 아닌 마음에서 멀어지면 눈에서도 멀어지는 것이기 때문이다.

　좋아하는 사람을 떠올려보자. 매일 어떤 힌 사람을 본다고 해서 그 사람이 좋아지는 것은 아니다. 단지 익숙해질 뿐이다. 대신 어떤 사람의 특별한 행동으로 인해 내 마음이 흔들린다면 결국 그때부터 그 사람의 존재가 인식이 되고, 어느 순간부터 모든 생각과 시야가 그 사람에게 집중되는 것과 같다. 결국 우리가 소망하는 목표와 꿈도 같다. 내가 얼마나 자꾸 들여다보고 관심을 가져주는지에 따라 크고 작은 변화를 가져올 수 있는 것이다.

‘어느 95세 노인의 수기’는 시간관리가 곧 인생 관리임을 보여준다. 그 이야기를 소개한다.

나는 젊었을 때 정말 열심히 일했습니다. 그 결과 나는 실력을 인정받았고 존경을 받았습니다. 그 덕에 65세 때 당당한 은퇴를 할 수 있었죠. 그런 내가 30년 후인 95세 생일 때 얼마나 후회의 눈물을 흘렸는지 모릅니다.

내 65년 생애는 자랑스럽고 떳떳했지만, 이후 30년의 삶은 부끄럽고 후회되고 비통한 삶이었습니다. 나는 퇴직 후 ‘이제 다 살았다, 남은 인생은 그냥 덤’ 이라는 생각으로 그저 고통 없이 죽기만을 기다렸습니다. 덧없고 희망이 없는 삶… 그런 삶을 무려 30년이나 살았습니다.

30년의 시간은 지금 내 나이 95세로 보면 3분의 1에 해당하는 기나긴 시간입니다. 만일 내가 퇴직할 때 앞으로 30년을 더 살 수 있다고 생각했다면 난 정말 그렇게 살지는 않았을 것입니다. 그때 나 스스로가 늙었다고, 뭔가를 시작하기엔 늦었다고 생각한 것이 큰 잘못이었습니다. 나는 지금 95세이지만 정신이 또렷합니다. 앞으로 10년, 20년을 더 살지 모릅니다.

이제 나는 하고 싶었던 어학 공부를 시작하려 합니다. 그 이유는 단 한 가지… 10년 후 맞이하게 될 105번째 생일 날 95세 때 왜 아무것도 시작하지 않았는지 후회하지 않기 위해서입니다.

이 글은 호서대학교 설립자이자 명예총장 강석규 박사가 쓴 수기이다. 24세에 독학으로 초등학교 교사자격을 취득하여 교편을 잡고, 34세에 대학을 진학하여 그 후 대학교수로 역임하다 호서대학교를 설립한 그의 깨달음이다.

우리는 긴 인생 앞으로 몇 개의 직업을 갖게 될지 모른다. 대학 졸업 후 가졌던 직장이 정년까지 계속 가리란 보장도 없다. 시간이라는 것이 마일리지처럼 누적되진 않지만, 그 시간 동안 들인 행동들이 결국 쌓여 내 삶에 변화를 가져오는 것이다. 다른 사람이 인정해 주지 않더라도 꾸준하게 들이는 노력은 언젠가는 나만의 콘텐츠로 만들어지는 것이다. 무엇을 해야 할지 모르겠다면 호기심을 갖게 되는 분야부터 시작해 보자. 호기심을 갖고 지속적으로 관심을 갖게 되는 분야가 있다면 계속 공부를 해보자. 나만의 독특한 콘텐츠는 결국 나를 대신하는 하나의 브랜드가 된다.

독서가 취미인 사람이 독서를 통해 달라진 게 뚜렷하지 않다는 것은, 그것을 취미 정도만의 노력을 기울였기 때문이다. 하지만, '취미'에 열과 성을 다하는 노력이 깃든다면 결국 평범함 이상의 결과를 가져 올 수 있다.

《공부하는 독종이 살아남는다》와 《세로토닌 하라》의 저자 이시형 박사는 1934년 생으로 올해 82세이다. 그는 80세에 문인화 공부를 시작했다. 문인화는 먹을 이용해 그리는 그림으로 전문적인 화가가 아닌 선비, 사대부 층이 그린 것으로 시와 그림의 조화가 특징이다. YTN PLUS와의 인터뷰에서,

"문인화는 정신과 의사인 내가 여든의 나이에 치기 어린 마음으로 도전한 장르이다. 예전에는 붓 한번 제대로 잡아 본적이 없었는데 어느새 마음속 '힐링 아트'로 자리 잡았다."고 말했다.

개인적으로 권태기와 스트레스를 해소하는 방편으로 시작된 공부지만 80세에 새롭게 시작한다는 점이 대단하다. 그는 2013년부터 김양수 화백에게 문인화를 배운 뒤 자연과 산, 유년시절 등을 주제로 그렸다. 평소 문인화 노트를 늘 가지고 다니면서 스케치를 하고 어울리는 글귀를 적는다고 한다. 문인화를 그리기 시작하면서 생각을 더욱 많이 하게 되고 주변 대상도 깊이 있게 관찰하게 되었다고 한다. 그리고 그가 취미로 시작한 활동은 2014년에는 문인화집 '여든 소년 산이 되다'로 출간되게 되고, 그의 철학과 그림이 담긴 문인화 37점이 음악과 함께 어울려져 2015년 6월 〈이시형 문화콘서트〉로 진행되었다.

스스로를 치유하기 위해 시작한 그림과 글 놀이가 결국엔 다른 사람까지 치유할 수 있을 정도가 된 것이다. 그는 공부-취업-은퇴로 이어진 과거의 인생설계가 아닌 공부-취업-공부-취업을 반복하는 자기계발 형

라이프사이클이 필요하다고 주장한다. 평생 현역으로 살면서 일하고 배우는 것을 동시에 할 수 있도록 인생설계를 하는 것이 중요함을 강조한다.

95세 노인의 수기와는 다르게 이시형 박사의 배움은 '배우고 익히면 즐겁지 아니한가'의 의미 그대로 살아가는 사람이 아닐까 싶다.

예일대학의 베카레비 박사팀의 조사 결과에 따르면 '나이가 들어감에 따라 당신이 사회에 쓸모가 있다고 생각합니까?' 라는 질문에 '그렇다'라고 대답한 사람이 '아니다'라고 대답한 사람보다 평균 7.5년을 더 산 것으로 나타났다. 미래에셋퇴직연금 연구소에서 소개된 글에 따르면 50대는 인간 두뇌의 갈림길이라 한다. 50대에 '다시 공부해보자'라고 결의한 사람은 끊임없이 지식을 흡수하면서 미래의 황금기를 향해 진화하는 뇌를 만들어 가지만, '이제 와서 새로움이 무슨 필요가 있나?'라고 생각을 하면 그때부터 더욱 '노화' 스위치가 켜진다는 것이다. 이 순간부터 뇌세포는 감소하는 것이다. 하지만 이것은 단순히 50대가 아닌 취업하고 현실에 적응한 20대, 30대 직장인들에게서도 많이 볼 수 있는 생각이다. 이 나이에 무슨 시작일까 무슨 공부일까라는 생각이 95세 수기 주인공인 강석규 박사보다 더 이른 시기부터 인생을 포기하고 사는 건 아닐까 생각해본다.

2050년에는 한국이 세계에서 가장 늙은 나라가 된다는 소식이다. 고령화 사회를 현명하게 대처하는 방법은 정년인 55세부터 75세까지도 충분히 젊고 새롭고 멋지게 활동할 수 있는 나이라는 생각을 갖는 것이다. 피터드러커의 저서는 2/3이 65세 이후에 저술된 것만 봐도 충분히 가능한 이야기다.

현재 당신이 10년 차 직장인이라면, 자녀가 대학에 다닐 때까지 일을 한다고 생각하면 아직 15-20년은 남아있다. 정년까지 인생을 즐기며 회사생활을 하는 것도 크나 큰 숙제이지만, 정년 이후의 삶을 계획하는 것도 큰 숙제이다.

결국 10년 앞을 내다보며 인생 설계를 할 수 있어야 인생이 두려움 보다는 여유로움이 가득찬다. 10년 앞을 내다본 목표로 오늘 하루를 계획해야 다가올 미래가 두려움 보다는 즐거움이 가득찰 것이다.

24시간 중 10년 앞을 대비하는 시간을 현재 쓰고 있는가? 현재만을 살기에 급급하다면, 정년이 다가 왔을 때 그때부터 '뭐하지?'라는 고민에 빠져 그저 남들처럼 체인점을 낼 수밖에 없다. 그때도 20대 취업활동 때 가졌던 경쟁을 다시금 경험하고 싶지 않다면 지금부터 남들보다 앞서는 라이프 플랜 구상이 필요하다.

02 당신의 인생은 한번이다

　프란츠 카프카의《법 앞에서》이야기에서 문밖에서 문 열리기를 기다리다 죽은 사람의 이야기가 나온다. 그는 문지기가 서 있는 문 앞에서 문 안에 들어가려고 일생을 애쓴다. 어떻게 하면 문지기를 피해서 문안으로 들어갈 수 있을까 하고 애를 쓰다 끝내 문 안에 들어가지 못하고 문밖에서 죽어가게 된다. 그는 죽어가면서 문지기에게 말하길,

　"왜 당신은 나를 문 안으로 들어가지 못하게 문을 지키고 있는 겁니까?"

　라고 묻는다. 그에 문지기는 정색을 하며

　"아닙니다. 이 문은 당신을 위한 문입니다. 당신을 돕기 위해 내가 서 있는 겁니다."

　라고 대답한다. 그러자 그는

"그런데 왜 당신은 내가 들어가려 하는 문 앞을 막아서 있습니까?"

라고 묻자, 문지기는

"아닙니다. 당신에게 문을 열어드리기 위해 여기 서 있습니다. 하지만 당신은 한 번도 이 문을 열어달라고 요청한 일이 없었습니다." 라고 대답한다.

결국 그는 상황을 바라만보고 자기의 생각에 갇혀 상황이 개선되기를 기다리기만 하다 기회를 놓친 것이다. 만약 그가 문을 당겨보거나, 들어가게 해달라고 말을 했다면 어땠을까? 이야기 자체가 조금은 극단적일 수 있지만, 이러한 일들은 우리 일상에 많이 나타난다.

우리는 얼마나 많이 머뭇거리며 사는가? 누군가가 해결해 주기만을, 상황이 풀리기만을 기다리며 사는 것은 아닐까? 기회가 기회인지도 모르고, 눈앞에 놓여 있는데도 잡지 못해 놓치고 마는 일이 부지기수다. 지금 이 순간에도 기회는 우리 주위에 많이 있다.

오늘 하루에서 어떤 기회를 발견하였는가? 하루하루 어떤 기회를 만들어냈는지 생각해보자. 이제까지 하루하루 무의미하게 보냈다면 지금의 방식으로는 앞으로도 여전히 기회를 발견할 수 없을 것이다. 같은 환경 안에도 서로 다른 기회를 보고 관점을 가졌던 이야기를 많이 접해봤을 것이다. 그 중에도 아프리카에서 운동화를 판 두 영업인에 대해 이야기를 소개해볼까 한다.

두 사람은 아프리카로 발령을 받게 되었다. 두 사람이 아프리카에 도착했을 때 사람들은 대부분 맨발로 다니고 있었다. 한 사람은 그 모습을 보고

"여기 사람들은 대부분 맨발로 다닙니다. 이곳은 사려는 사람이 없습니다."

라고 보고했다. 하지만 다른 한 사람은,

"많은 사람들이 신발을 신지 않는 다는 것은 기회입니다. 그들에게 신발을 보여준다면 그들을 유리조각과 쓰레기가 돌아다니는 위험한 길바닥에서 발을 보호할 수 있게 해주고, 그들에게 득이 되는 가치 있는 선물이 될 것입니다"

라며 확신에 차 보고했다. 그리고 그의 예측답게 현재까지도 신발은 아프리카 사람들에게 필수품이 되었다.

결국 오늘 하루도 가치를 발견하는 사람과 변화 없는 일상을 그저 흐르는 대로 받아들이는 사람이 있을 것이다. 회사 인에서 변학를 찾을 수 없다면 회사 밖에서 찾으면 된다. 내가 스스로 변하지 않으면 인생이 변하지 않듯이 기회를 보려고 하는 자가 더 큰 기회를 찾는 법이다. 기회를 찾는 법은 기회가 흘러 들어오는 길목에 서있으면 된다.

"우리가 노력 없이 얻을 수 있는 유일한 것은 노년이다." 글로리아 피처의 말처럼 노력 없이 얻어지는 것은 나이뿐이다. 연령대 별로 나이가

드는 속도가 빨라지는 것이 이를 표현 할 것이다. 20대는 20 km, 30대는 30 km, 하루하루 한 해가 거듭 지나가는 느낌이 그렇다. 그저 가만히 있으면 너무도 쏜살같이 지나가는 하루에서 우리는 희망을 보기보다 스스로 가능성에 제약을 두는 경우가 많다.

하지만 우리는 스스로가 장애물을 쌓고 살아가고 있는 것은 아닐까? 신체가 멀쩡한데도 정신적으로 한계를 짓고 살아가는 사람들이 많다. 하지만 이러한 태도는 실제 핸디캡을 갖고 있는 사람들에게는 사치일 뿐이다.

"장애가 아니라 기회였다"라고 말하는 여성 모델 레베카 마린이 있다. 그녀는 뉴욕 패션위크의 무대에도 서게 된 패션 모델이다. 그녀의 사진을 보면 여느 전문 모델과 같이 표정과 몸짓이 섬세하다. 하지만, 이 모델에게는 남들과 조금 다른 점이 있다. 그것은 오른팔을 대신하고 있는 의수이다. 그녀는 태어날 때부터 오른팔이 없었다고 한다. 선천적인 장애 때문에 그녀는 어릴 적부터 활동에 많은 제약이 있을 수밖에 없었다. 그녀는 자신감을 잃을 수밖에 없었고 항상 긴 소매 옷을 입으며 장애가 있는 팔을 드러내지 않고 살아왔었다.

하지만 모델 일을 해보자는 친구의 권유에 그녀는 몇 장의 사진을 찍어 인터넷에 올렸다. 그리고 그때부터 그녀의 삶이 바뀌기 시작했다. 그녀의 섬세한 감정의 표현력과 한쪽 팔에 의수를 끼고 있는 독특한 그녀의 사진에 사람들이 폭발적인 반응을 보인 것이다. 이때부터 그녀는 자신의 '장애'가 오히려 '장점'으로 바뀔 수 있음을 깨닫게 된 순간이었다.

이후 그녀는 모델 활동을 시작하고 광고도 찍으면서 자신감을 되찾을 수 있게 되었다. 다른 사람들을 의식하며 감출 수밖에 없었던 그녀의 팔을 이제는 당당하게 사람들 앞에 내놓을 수 있는 그녀의 가장 큰 개성이 된 것이다. 그녀는 모델 활동을 이어감과 동시에 '럭키 핀 프로젝트'에 참여하며 자신처럼 장애 때문에 자신감을 잃은 사람들에게 용기가 되어주고 있다. 럭키 핀 이란 단어는 애니메이션 영화《니모를 찾아서》에서 나온 단어이다. 주인공 니모는 다른 물고기와 다르게 기형적으로 짧은 지느러미를 가지고 있다. 애니메이션에서는 이 짧은 지느러미를 '행운의 지느러미(럭키 핀)'라고 부르는 것에 영감을 받아 이 프로젝트가 진행 되었다.

그녀는 "한 손으로 삶을 살아간 경험은 저를 강하게 만들었고, 그것에 감시합니다. 오히려 이 팔 덕분에 매일 매일이 다른 사람들에게 영감을 줄 수 있는 '기회'가 됐습니다. 라고 말한다.

기회를 만들어 내는 것도, 기회를 얻어 차는 것도 당신의 선택이다. 모든 사람들이 그녀와 같은 상황에 처했을 때 그녀와 같은 용기를 낼 수 있는 것이 아니다. 하지만, 그녀는 자신의 의지로 인생이 변화될 수 있음을 보여준다. 한번뿐인 인생 내 뜻대로 내 의지대로 살아야 하는 것이 아닐까. 당신의 인생은 한번뿐이다. 변화를 가져오는 선택을 내려라.

"자신의 운명을 개척하라. 생각하는 바대로 이루어진다. 꿈과 목표를 종이 위에 적고 그에 따른 행동을 취함으로써 되고자 하는 이상형에 가까이 다가갈 수 있다. 미래를 자신의 것으로 만들어라. 바로 당신의 것으로" 마크 빅터 한센의 말이다. 한번뿐인 인생 자신의 의지대로 살지 못한다면 무슨 재미이고 어떤 의미가 있을까. 사람의 의지로 이뤄내지 못할 것이 없다는 생각으로 원하는 인생을 살고 싶다면 원하는 하루를 살아라. 그것이 시작이다.

성공하는 사람들의 인생을 보면, 그들의 성공은 하고 싶은 일을 했기에 이루어짐을 알 수 있다. '하고 싶다'는 일은 결국 그들이 목표로 하는 바였다. 위기가 온 순간 하고 싶은 일이 명확해 지기도 했고, 아무것도 가진 것이 없는 상태에서 하고 싶은 일부터 명분을 세워 시작하기도 했었다.

스티브잡스는 위기에서 자신이 하고 싶은 바를 명확히 찾은 사람이었다. 그가 픽사를 설립하게 된 배경은 그가 설립한 회사인 애플에서 쫓겨나고서이다. 처음엔 자신이 설립한 회사에서 쫓겨 났다는 배신감에 모든 걸 포기하고 싶은 마음이 크고 분노도 컸지만, 그때 그는 기회라고 생각을 하고 결국 자신이 할 수 있는 다른 분야에 관심을 두게 되었다. 그리고 결국 그곳에서의 성공이 그를 다시 애플 대표의 자리에 앉혔다.

이건희의 성공도 그렇다. 그가 삼성전자를 설립하게 된 배경은 반도체 회사를 인수하고 나서다. 처음에 그가 인수하려 했을 때 많은 반대에 부딪혔다. 하지만 그는 앞으로 이 시장의 성장 가능성을 예견했고, 사비를 털어 회사를 인수하기에 앞선다. 그리고 현재는 세계 최고의 경쟁력을 가진 글로벌 기업으로 만들었다.

직장생활을 하면서 자신이 하고 싶은 것에 시간을 투자하고 노력을 기울인다는 것이 쉬운 일이 아니다. 하지만 진정한 성공은 '해야 하는 일'에 시간을 들일 때보다 '하고 싶은 일'에 주의를 기울일 때 온다는 것을 깨달아야 한다. 그리고 내가 하고 싶은 일을 하는 것이 진정으로 성공으로 이끄는 길임을 깨달아야 한다.

기나긴 인생이 해야 하는 일로만 가득 차 있다면 우리의 인생은 너무 무료하고 제한된 생활일 것이다. 가능성을 보기보다 제한된 상황 속에서 할 수 있는 일만 하게 되는 인생을 살게 된다. 내가 원하는 인생을 산다는 것은 결국 내가 원하는 하루를 산다는 것이다. 내가 원하는 대로 시간을 쓰는 것이 결국 내가 원하는 인생을 사는 것이 아닐까?

'언젠가'라는 시간은 없다. 답답한 현실, 반복되는 현실에 막막하고 현실에 대한 불만이 크다면 내가 오늘 내 뜻대로 인생을 살고 있는지 생각해보자. 나는 오늘 내가 원하는 인생을 살았는가? 그런데 여기서 잠깐, 당신이 원하는 인생을 정확히 알고 있는가? 자신이 원하는 이상적인 하루에 대해 뚜렷이 그릴 수 있는가?

많은 사람들이 수많은 꿈을 꾸고 도전함에도 성공하는 사람들이 지극히 적은 이유는 자신이 목표로 하는 바를 뚜렷이 하지 않고, 처음의 목표를 상실하기 때문이다. 초심불망 마부작침이란 한자성어가 있다. '초심을 잊지 않고 도끼를 갈아 바늘을 만든다.'는 뜻의 이 말은 결국 초기에 가졌던 마음가짐을 목표를 이룰 때까지 끝까지 간직해야 함을 의미한다.

미국 전 대통령인 존 F 케네디가 미국의 첫 번째 달 착륙 프로젝트를 진행할 때 주위에서 반대가 심했다. 하지만 결국 그는 추진했고, 최초로 해낼 수 있었다. "NASA가 달 착륙에 성공할 수 있었던 것은 뚜렷한 비전이 있고, 그 비전을 구체적으로 묘사할 수 있었기 때문이다." 라고 대답했다. 자신이 오늘 원하는 인생을 그리고 그대로 살아야 원하는 인생을 살 수 있는 것이다.

레오나르도 디카프리오 주연의 영화 위대한 개츠비를 보면, 어떻게 그렇게 궁전 같고 멋진 집을 가질 수 있었는지에 대해 이야기를 하는 장면이 나온다. 개츠비는 단 한마디 '상상력'이 모든 것을 이룩했다고 말한다. 높은 천장과 화려한 가구와 호화로운 장식품들 그리고 많은 사람들을 불러 성대하게 즐길 수 있는 파티까지 그는 그가 사랑하는 여자를 위해서 그 모든 상황 하나하나를 상상했고, 그것을 현실화 시켰다.

우리에게도 그와 같은 상상력이 필요하다. 원하는 이상적인 하루를 생각해보자. 회사에 얽매여있는 상태에서는 오늘 하루를 내가 원하는 대로 살기는 어려울 것이다. 하지만 처음에 하루 30분, 1시간, 2시간씩 일부러 시간을 내보는 것부터 시작하여 원하는 인생을 살기 위해들인 노력의 시간이 결국 원하는 인생을 사는 첫걸음이 아닐까 싶다.

강인선 기자가 워싱턴 봉사단체인 'DC 센트럴 키친'의 회장 로버트 에거를 인터뷰 할 때이다. DC 센트럴 키친은 하루에 4000명의 빈민과 장애자를 위해 음식을 만들어내는 단체이다. 그의 꿈은 '워싱턴에서 제일 멋진 나이트클럽'을 여는 것이었다. 강인선 기자가 로버트 에거와의 인터뷰에서

"이렇게 일이 많아서 나이트클럽을 열고 싶은 꿈은 언제 이루죠?" 라고 물었다.

"언젠가 할 기회가 있겠지요. 진짜 온갖 재미있는 일로 가득한 아주 특이하고 멋진 나이트클럽을 만들 겁니다. 저는 사람들을 즐겁게 하는 일이 좋거든요. 이 부엌이 많은 사람들을 기쁘게 하고 있으니까 지금도 제 꿈의 일부를 이루고 있는 거예요."

그 말을 듣고 부러운 마음에 강인선 기자는

“나도 언젠가는 남을 돕는 일을 하고 싶다.”

고 말했다. 그녀의 말에 그는

“당신은 그 일을 왜 지금 할 수 없나요?”

라고 물었다. 그의 말에 그는 심장 위로 돌 하나 떨어지는 것 같은 충격을 받았다고 한다. 지금 당장 할 수 있는 일을 왜 ‘언젠가 하겠다’고 미뤄뒀는지 그녀 자체에게 깨달음을 주는 물음이었다. 그녀는 이제까지 많은 인터뷰 등의 만남 중에 그가 당장 행동을 바꾸게 한 단 한 사람이라고 말한다. 언젠가가 아닌 지금 할 수 있는 행동에 초점을 맞출 때 우리의 삶은 더욱 행복도가 커지고 만족감이 커지는 것이 아닐까.

하고 싶은 일 중에서 지금 할 수 있는데 ‘언젠가’로 미뤄둔 일이 있는지 생각해보자. 그리고 당장 시작해보자. 인생의 행복은 멀리 있는 것이 아닌 하고 싶은 일을 하는 것에서 시작된다.

04 인생은 결국 쌓이는 시간이다

　NBA 플레이어 중 마이클 조던 다음으로 전설을 만들어 낸 선수가 있다. NBA역사상 처음으로 18살에 프로팀인 **LA LAKERS** 에 입단한 브라이언트 코비다. 그의 고등학교 때 활약은 많은 사람들의 눈에 띌 정도였고 학교의 승리는 그의 독보적인 활약 덕분이었다. 고등학교리그 **CHAMPIONSHIP**을 거머쥐었을 때, 학교 친구들 앞에서 자랑스레 "나는 NBA 선수가 될 것입니다"라고 말할 정도였다. 세계에서 최고의 농구선수가 될 것이라는 꿈이 있었기에, 그의 선언은 그 자신에게 당연했다. 그는 농구선수인 아버지의 영향으로 어릴 적부터 농구를 가까이했다. 어릴 적부터 아버지의 모든 경기를 녹화해서 반복해서 돌려보고, 실제 경기장에서 뛰는 모습을 보고 자라며 연습 코칭을 받을 정도였다.

그가 다큐멘터리 MUSE에서 보여준 모습을 보면, 그는 실로 누구보다 뛰어난 연습벌레였단 것을 느낄 수 있다. 그는 다큐멘터리 속 인터뷰에서,

"학창시절 친구들은 자기와 같이 뛰어나기를 바랐다. 나를 이기길 바랬지만 그들은 이길 수 없었다. 왜냐하면 그들은 내가 들이는 연습시간만큼 훈련을 하지 않았기 때문이다. 만약, 그들이 나와 같은 연습시간을 투자한다고 해도 그들은 날 이길 수 없다. 그들은 농구를 최우선으로 여기지 않기 때문이다. 그들은 책임져야 할 다른 일들이 많기에, 항상 농구를 공부하고 많은 시간 연습하는 등 농구에 우선순위를 두는 나를 이길 수 없다." 라고 말했다.

결국 그가 말하는 성공과 인생은 쌓이는 시간이 설명해 주는 것이다. 얼마나 몰입하여 그가 이루고자 하는 모습을 상상하고 노력했는지가 그의 성공을 보장해 준 것이다. 하지만 18살에 데뷔한 프로의 무대에서 그의 기량을 발휘하는 것은 쉽지 않았다. 마이클 조던이 뛰는 모습을 보며, '나도 그를 상대할 수 있는데' 라고 생각하며 자신에게도 경기를 함께 뛸 기회가 오기를 기다렸다. 그런 그가 UTAH 팀과의 경기에서 만반의 준비가 되었다고 생각했었지만, 그날따라 행운의 여신은 그를 등지고 섰다. 그의 모든 골은 중요한 순간마다 놓치고 말았다. 동료와 팬들은 어이없는 코비의 실책에 실망할 수밖에 없었다. 결국 그의 계속되는 골

의 미스로 **PLAY OFF** 진출이 무산되었고, 그는 경기 후 새벽3시 고등학교 농구 코트에 갔다. 그리고 하루 종일 슈팅 연습만 했다고 한다. 그리고 다음해 시즌 첫 게임이 **UTAH**와의 경기였을 때, 그는 멋지게 팀을 승리로 이끌었다.

그는 슬럼프가 올 때마다 더욱 농구연습에 몰입한다. 결국 시간이 쌓인 연습이 결과를 낼 것임을 확실히 알기 때문이다. 한국에도 지독한 연습의 시간이 자신을 만들었다고 하는 사람이 있다. 그는 가수이자 할리우드진출까지 한 월드스타로 활약하고 있는 가수 비(정지훈)다. 박진영은 〈무릎 팍 도사〉 프로그램에서 정지훈에 대해 '그는 어딜 가나 성공했을 것'이라고 평가할 정도였다. 그만큼 그는 성공할 수밖에 없는 잠재력을 갖고 있었다.

데뷔하기 전, 박진영과 함께 몇 년간 혹독하게 트레이닝을 하던 날이었다. 그날따라 유독 야단과 질책이 많은 날이었는데, 걱정이 된 박진영은 그의 방을 찾아갔다. 그리고 그의 방에서 무수한 포스트잇이 방을 도배한 모습을 발견했다. 이제까지 박진영이 그에게 했던 충고를 일일이 하나도 빠지지 않고 모두 적었던 것이다. 정상에 서고 나서도 비는 연습생만큼 연습을 한다. 결국 연습의 정도가 몸에 습관처럼 쌓인 것일 테다.

결국 성공한 사람들의 명확한 목표 의식은 그들을 철저하게 준비를 하게 했다. 그리고 반복훈련을 통해서 준비를 성공을 위한 보증수표로 만들었다.

"스스로의 한계를 넘어섰을 때 모든 슬럼프에서 벗어날 수 있었다"고 강수진은 말했다. 그녀는 하루에도 토슈즈를 3-4컬레 바꿔 신는 것으로 유명하다. 토슈즈는 신발 밑바닥이 딱딱한 나무로 되어있다. 성인 남자가 힘을 줘서 구부리려 해도 웬만한 힘으로는 쉽게 구부러질 수 없을 정도이다. 하지만, 그녀는 그 신발을 발에 맞게 지독하게 연습을 했고, 발을 2시 반의 모양처럼 휘게 할 정도였다.

그녀가 〈무릎팍 도사〉에서 부상의 고통을 이겨내는 방법은 더 혹독하게 연습하는 것이라고 했다. 잠도 못 자면서 연습을 할 정도였다. 스스로의 한계를 넘어섰을 때 모든 슬럼프로부터 벗어날 수 있었다고 했다. "눈물과 땀은 거짓말 하지 않는다. 제가 그렇게 살아왔기 때문에 그렇게 말할 수 있어요." 그녀는 말한다. "언젠가는 발레를 그만둘 날이 오겠죠. 하지만 후회는 없어요. 하루를 100% 안 살아본 날이 없으니까." 치열한 노력으로 하루하루를 살아온 사람들은 예전으로 돌아가고 싶지 않다고 한다. 다시 그만한 노력의 과정을 반복하고 싶지 않기 때문이다.

물이 끓기까지 100도 씨의 임계점을 넘어야 물이 끓듯이, 노력을 기울이는 시간도 쌓여야 한다. 회사 조직 내에서도 6개월, 1년 선배라도 선배일 수밖에 없다. 나보다 앞선 시간 동안 쌓인 지식과 노하우는 무시할 수 없기 때문이다. 업무에 대한 지식도 고객을 대하는 노하우의 능숙함도 결국 쌓이는 시간을 무시할 수 없다. 고객과 쌓인 신뢰의 시간이 결국 비즈니스 성과의 차이를 만들어 내기 때문이다.

신입이 처음 일을 맡게 되거나 거래처를 대할 때 딱딱한 태도나 긴장한 자세로 오히려 상대방에게 거리감을 느끼게 할 수 있다. 하지만, 경험이 쌓이다 보면 어느새 거래처의 무리한 요구에는 능숙하게 돌려 상황을 피하거나 새로운 방법을 제시하고, 급작스럽게 진행되는 업무나 위기는 슬기롭게 대처할 수 있는 노하우가 생기는 것이다.

우리는 작은 행동이 어떤 목표를 향해 지속되기만 하면 어떤 분야에서건 놀랄 만큼의 큰 결과를 불러올 수 있다는 것을 안다. 돈이 그렇고, 건강이 그렇고, 시간이 그렇다.

인생은 결국 쌓이는 시간이다. 오늘 없는 내일이 없듯이 하루하루 쌓이는 것이 결국 나의 인생을 말해주는 것과 같다. 평소에 여행 가던 사람이 나중에 여유가 생겼을 때 편하게 다닐 수 있는 기회가 더 생긴다. 결국 음식도 먹어본 사람이 주문을 잘하듯 경험이 쌓이는 것은 무시할 수 없는 것이다. 오늘은 어떤 것을 쌓고 싶은가? 현재 누적되는 시간이 결국 내 인생이다.

05 시간 경영한 나의 10년 후는 내 동료와 다르다

　두 사람이 회사에 함께 입사했다. 한 명은 묵묵히 주어진 회사 업무만을 하기 바빴고, 또 다른 한 명은 자신의 호기심을 채우며 살기 바빴다. 같은 날에 입사 했지만 두 사람의 변화는 같다고 할 수 있을까?

　입사 후 초반에는 각자가 담당하게 된 업무에 따라 변화가 다를 것이다. 3년 후, 5년 후가 지나도 신입사원의 마인드로 단지 시키는 일만큼만 몰두하는 사람도 있고, 주어지는 일을 넘어 스스로 일을 찾아서 내 가치를 채우는 사람, 자신의 역할을 스스로 만드는 사람도 있을 것이다. 하지만, 두 사람의 위치가 진정으로 차이가 나는 것은 회사 안에서의 활동이 아닌 회사 밖에서의 활동 때문이다. 회사만을 바라보고 회사에서 주어지는 일만 묵묵히 한 사람과 자신의 삶과 꿈에 대해 무수히 고민하고 행동한 사람이 주변 동료와는 다른 내일, 전혀 다른 미래를 만들어 내는 것이다.

예전에는 회사 일만 묵묵히 해도 50-60세 정년까지 일하고 남은 생을 즐길 수 있었던 생이었다면, 지금은 정년까지 일하고 그 이후 새로운 밥벌이를 생각해야 하는 시대이다. 한 사람의 경험과 관점이 다른 사람과 차별화 되는 미래를 만들 수 있는 것이다.

"성공하는 사람과 성공하지 못하는 사람의 능력에는 큰 차이가 없다. 둘 사이에는 잠재능력을 발휘하겠다는 마음의 차이만 있을 뿐이다." 존 맥스웰의 말처럼 남들과는 다른 모습을 가진 다는 것은 각자 자신의 삶에 어떤 빅픽쳐를 갖고 희망하는지에 달려있다. 남들과 똑같은 목표를 갖고, 똑같은 노력만 한다면 결국 같은 미래, 뒤쳐지는 미래밖에 없다. 아무리 남들이 다양한 길을 제시하고 성공의 모습을 보여줘도, 어떤 사람은 회사 안에서 성공한 모습에 관심이 가는 사람이 있고, 다른 사람은 회사 밖에서 성공한 사람들의 모습에 관심이 가기 마련이다. 결국에 다양한 선택지에서 본인의 선택으로 이뤄지는 게 그 사람의 미래이자 내일의 모습이다.

회사 안에서도 목표를 가지고 회사를 다니며 업무를 대한 사람과 그렇지 않은 사람의 차이는 크다. 하물며 인생에 관심을 회사에만 둔 사람과 회사 밖의 자신의 삶까지 고려한 사람의 인생의 차이는 분명이 다를 수밖에 없는 것이다. 그렇다면 무엇에 집중할 것인가? 어떠한 것에 집중을 해야 하고 어떤 것들에 관심을 기울여야 할까? 내가 발전하고 싶은 모습은 무엇일까? 나는 어떤 것에 자기 계발을 해야 할까?

대부분 직장인들의 자기계발의 시작은 업무와 관련된 능력을 계발하는 것이 먼저일 것이다. 영어나 중국어 등 언어능력 향상 시키는 것을 시도하거나, 또는 업무관련 자격증을 따는 것이 그 다음이다. 그리고 대부분 쉽게 접하는 것이 책을 읽거나 학원에 등록을 하는 것이다. 하지만, 나는 꿈을 먼저 꾸라고 하고 싶다. 목표와 원하는 것이 뭔지 어떤 꿈을 꾸고 있는지 먼저 들여다보는 것이 중요하다. 목적 없이 남들이 하는 자기계발을 따라하는 것이 아닌 진정으로 자신에게 맞는 자기계발이 필요하다.

10년 후 내 동료와 다른 나를 만들어 내는 것은 지금 하는 자격증 공부나 영어공부보다 얼마나 꿈을 명확히 꾸고 나의 재능을 어떻게 경영했느냐에 따라 달라진다. 10년 후 나의 동료와 차별되는 것은 동료와 똑같은 자기계발을 조금 더 열심히 한 것이 아니라, 나만의 차별화 되는 재능을 경영하는 것이다.

나를 동료와 차별화 시키는 재능은 무엇일까? 나만이 갖고 있는 재능은 무엇일까? 어떤 재능이 나를 결국 10년 후 20년 후, 직장에서의 나의 위치에 대한 기대가 아닌 나의 재능에 대한 기대로 살 수 있을까?

요즘 사회의 문제는 너무나 급작스레 고령화 사회로 접어들어 90세 100세까지 살 수 있는 시대이지만, 회사생활은 50-60세까지 다닐 수 있는 한계가 있다. 결국 예전보다 더 오래 일을 해야만 하는 시기가 온 것이다. 하지만, 언제까지 한 회사에서 일을 할 수는 없다. 날이 갈수록 승진의 시기는 더욱 길어질 것이다. 대학을 4년제가 아닌 6년-8년 다니는 학생들이 늘어난 것처럼, 결국 한 직급도 3년, 4년 차에 승진하던 기간이 결국 말년 과장이라는 단어가 없어지고 결국 그 모습이 당연해 지는 시기가 오지 않을까? 가면 갈수록 회사는 역피라미드 구조를 띨 수밖에 없다.

결혼 시기도 늦어진 탓에 자녀 양육을 위해서 진급을 늦추거나 또는 회사 내에서도 진급 년차 수를 늘려 대리, 과장, 차장이 늘어나는 구조가 되지 않을까 싶다. 하지만, 세계 경기가 안 좋은 상황에서 회사만을 믿기엔 불안하기는 마찬가지다. 지금부터라도 나의 재능이 필요한 이유다. 나의 필살기가 필요한 이유다.

중국 음악가 탄둔은 미국으로 건너가 생활비를 벌기 위해 길거리에서 바이올린을 켠 적이 있다. 바이올린을 연주하는 것 자체를 즐겼기 때문에 길거리에서 연주하는 일이 부끄럽지 않았다. 길거리에서 연주하는 시절, 함께 연주하던 흑인 연주자와 함께 목이 좋은 곳을 발견했다. 날마다 수많은 사람들이 오고가는 은행 앞에서의 연주는 두 사람에게 큰 수

입을 안겼다.

시간이 흐른 후, 많은 돈을 모으게 된 탄둔은 음악학교에 지원하게 되었다. 그리고 함께 연주자와는 다른 길을 걷게 되었다. 음악학교에 입학한 탄둔은 실력 있는 동료와 훌륭한 스승 밑에서 음악을 배웠다. 길거리에서 연주하던 시절만큼 금전상황이 좋지는 않았지만, 그는 자신만의 목표를 가지고 묵묵히 최선을 다했다.

10년 후, 마침내 탄둔은 유명한 음악가가 되었다. 어느 날, 그는 예전 바이올린을 켜던 은행 앞을 우연히 지나다가 그 자리에서 아직도 연주하고 있는 옛 친구를 발견했다. 그 친구는 세상 부러울 것 없다는 표정으로 연주하고 있었다. 반가운 마음에 달려가 인사를 하며, 흑인 연주자는

"오랜만이야, 지금은 어디서 연주해?"

라고 물었고, 탄둔은 유명한 음악홀의 이름을 댔다. 친구는 의아한 듯,

"그 음악홀 앞도 지나는 인파가 많나 보지?"

라고 물었다. 탄둔은 미소를 지으며

"괜찮아"

라고 대답을 했다. 탄둔은 더 이상 길거리에서 음악을 팔지 않고 음악홀에서 연주한다는 사실을 말하지 않았다.

10년이라는 시간은 두 사람의 사이를 너무나 멀게 만들었다. 흑인 연주자도 하루하루 열심히 노력했다. 열심히 바이올린을 켰고, 목 좋은 자리를 지키기 위해 노력했다. 하지만, 그의 노력은 현재를 지키기 위한 노

력이었다면, 탄둔은 미래를 보고 더 높은 이상을 위한 길을 선택했다. 결국 서로 다른 선택으로 전혀 다른 결과를 만든 것이다.

성공은 노력에 앞서 선택으로 만들어진다. 내 옆의 동료와 내 모습도 탄둔과 길거리 연주자처럼 나눌 수 있다. 내가 미래에 어떤 자리에 있을 것인지 어떤 사람이 되고 싶은지 오늘 결정내린 선택이 결국 나의 미래의 나아갈 방향을 정한 것이다. 결국 나의 동료와 나의 10년 후는 오늘 내가 내린 선택에 달려있는 것임을 잊지 말아야 한다.

06 나에게 맞는 라이프 플랜을 세워라

나에게 맞는 라이프 플랜이란 무엇일까? 모든 사람들이 아침 형 인간이 좋다고 나에게도 맞는 습관일까? 모든 사람에게 한 가지 방식이 들어맞지는 않는다. 하물며 젓가락 사용법도 전형적인 방법 한 가지는 있지만, 모든 사람이 똑같은 방식을 사용하지 않는 것과 같다.

남들에게 효과를 인정받고 특히 성공한 사람들의 방법이라면 자신에게 맞는지 적용해 보는 것은 현명한 방법이다. 하지만, 자신에게 맞지 않은 방법을 지키지도 못하면서 지킬 수 없는 약속을 이행하지 못해 스트레스 받고 있다면 그것은 자신에게 맞는 방법이 아니다. 내가 매일 실천할 수 있는 약속이 결국 나에게 맞는 습관이 되는 것이다.

꿈 친구들과 같이 프로젝트를 진행할 때였다. 각자 진행하고 있는 프로젝트를 완성하는데, 어떤 친구는 밤을 꼬박 샐 정도로 몇 일만에 몰입해서 완성을 했다. 또한 다른 친구는 매일 매일 한 걸음씩 과제를 해냈다. 모든 사람들이 비슷한 속도를 유지하기도 하고, 조금은 뒤쳐져 진행하지만 결국 각자의 속도대로 프로젝트를 완수했다.

며칠 만에 초고도의 집중력으로 프로젝트를 완수한 친구는 그 전에 한걸음 한 걸음 부지런히 행동을 옮긴 친구의 모습에 자극을 받았고, 그 다음 친구는 단기간에 끝낸 친구에게 자극을 받았다. 한 친구는 짧은 기간에 프로젝트를 마감한 친구의 행동력을 따라 해보려 했지만, 결국 잠을 이기지 못한다는 것을 깨닫고 포기할 수밖에 없었다.

사람들은 각자 자신에게 맞는 신체리듬과 에너지가 있다. 누군가는 며칠 밤을 새도 집중력을 유지할 수 있는 반면에 어떤 이들은 적어도 4-5시간의 취침은 유지해야 그 다음날에도 계속 집중력을 가지고 정상 업무를 할 수 있는 차이가 있다. 한 가지 방식만을 모든 사람들에게 맞는다고 적용할 수는 없는 것이다.

우리는 이제까지 많은 시행착오를 겪으면서 자신의 성향을 파악했을 것이다. 내가 단기간에 몰입해서 끝내는 유형인지, 아니면 한 걸음 한 걸음 매일 최소한의 단위로 성취력을 높이는 타입인지 말이다. 자신에게 맞는 방식으로 인생의 계획을 짜고 실천해보도록 하자.

결과를 만들어내는 것은 다름 아닌 자신의 행동이다. 결과를 낼 때까지 계속 이어져야 하는 행동이 단순히 남에게 좋은 방식으로는 이뤄낼 수 없다. 또한, 누군가와 함께 진행함으로써 자극을 받아 앞으로 나아가는 타입인지 또는 자기 혼자 우물을 파듯 진행해야 하는지 구별이 필요하다. 자기 혼자 업무를 진행할 때 집중력을 보이며 몰입하는 타입이라면 다른 사람과의 일정한 거리를 유지하는 것이 필요하다. 하지만, 다른 사람들과 함께 서로의 진행상황을 확인하고 시너지를 얻는 것을 선호하는 타입이라면 적절하게 사람들과의 교류의 시간을 갖는 것이 필요하다.

이 모든 것은 각자가 어떤 인생계획을 설계하고 있는지에 따라 다르다. 이루고 싶은 꿈이 무엇인가? 회사 업무 내에서 또는 인생계획에서 내가 향후 이루고자 하는 명확한 목표가 앞서야 한다. 그리고 라이프 플랜을 세워야 한다.

30대, 40대 언제든지 새로운 도전이 요구되는 시대이다. 평생 한가지의 직업을 갖기보다 2-3가지의 직업병행 또는 전환이 필수가 되는 시대에 살고 있다. 일과 휴식의 조화가 이루어지는 살 것인지, 먼저 희생을 요하는 일에 미치고 그 다음 인생을 즐길지 계속되는 고민이 필요하다.

인생에는 강약이 필요하다. 3년 또는 5년을 계속 강한 강도로 나 스스로를 채찍질하며 긴장감 있게 살수는 없다. 어느 시기에는 목표를 이루기 위해 무엇보다 나 자신, 나 자신과의 약속, 인생의 목표를 최우선으로 두고 하루를 살아야 하는 시기가 있는 것이다. 그때마다 자신의 라이프 플랜에 맞는 하루 계획이 필요하다.

그래프를 그려보자. 가로축에는 시간대를 그린다. 그리고 세로축은 인생의 속도를 그려보자. 지난 인생을 되돌아보면, 30년, 40년을 살면서 무조건 높은 속도로 꾸준히 달려온 적이 없을 것이다. 스스로 의지에 따라 또는 환경에 따라 속도를 내며 무조건 앞만 보며 달리는 시기가 있었을 것이다. 그리고 아무리 앞으로 나아가려 해도 계속 좌절할 수밖에 없는 터널을 걷는 시기도 있었을 것이다. 그 시간들을 되돌아보며 앞으로 10년, 20년, 길게는 50년 까지 내가 어떤 속도로 살고 싶은지 생각해보자.

현재 나이 30대, 40대 누군가는 모든 것을 이루었기에 속도가 평탄하게 갈수도 있을 것이다. 또는 누군가는 아무것도 이루어진 게 없음에 꿈을 이루기 위해 더욱 전력 질주해야 하는 시기를 향후 1년에서 3년으로 잡았을 것이다.

30대는 이래야 한다, 50대는 이래야 한다는 정해진 답은 없다. 40대에도 50대에도 새로이 0(ZERO)에서부터 시작하는 사람들이 많다. 하지만, 그때마다 우리의 선택은 새로운 목표를 세우고 꾸준히 나아가는 것이다. 계획을 세울 때 미래를 내다보며 예측이라도 하면 좋으련만 우리에게는 그것에 대한 능력은 부족하다. 대비할 수 있을 때 미리 준비를 한다면 좋겠지만, 시련은 너무 갑자기 다가오기에 항상 여러 상황을 생각하며 앞으로 나아가는 노력이 필요하다.

나에게 맞는 라이프 플랜을 세워보자. 남들의 눈높이나 시선을 의식하지 말고, 오늘 그대로 나아가보자. 내 인생을 살아보자. 묵묵히 걸어가자.

07 하루를 어떻게 보내느냐가 미래를 결정한다

프랑스 작곡가 올리비에 메시앙은 독학으로 피아노를 배우고 17세부터 작곡을 시작한 뛰어난 작곡가이다. 세계대전이 한창일 무렵, 그가 속한 부대는 독일군의 포로로 붙잡히는 신세가 되었다. 철창에 갇힌 그는 언제 죽을지 모르는 상황에서 극심한 두려움을 느꼈다.

메시앙은 수용소의 열악한 환경에 지친 동료들이 죽고, 힘든 노동과 탄압에 시달려 사람들의 표정이 늘 어둡다는 것을 느끼고 자신이 해야 하는 일이 있지 않을까 생각하게 되었다.

'내가 이곳에 있는 데는 분명 신의 뜻이 있을 것이다. 지금 괴로워하는 수용소 사람들을 위해 내가 할 수 있는 일이 있을 것이다.'

이렇게 생각한 메시앙은 그날부터 틈틈이 종이를 모았다. 그리고 오선지를 만들어 음표를 채워 나갔다. 그렇게 탄생한 곡이 〈종말을 위한 4 중주〉이다. 어렵게 구한 클라리넷, 바이올린, 첼로 그리고 피아노로 연주할 수 있었고, 이 곡은 철창 속에서 자유를 박탈당하고 불안에 떨던 5천여 명의 포로들의 마음을 달래주었다. 올리비아 메시앙은 제2차 세계대전 이후에도 많은 작품을 작곡했다.

언제 풀려나갈지 모르는 수용소 생활에서도 올리비아 메시앙은 하루하루 삶의 희망을 보려 했다. 그리고 열악한 환경 속에서도 자신과 동료들에게 희망을 전할 수 있는 자신의 재능을 살릴 수 있는 일을 찾고자 했다. 어떻게 될지 모르는 삶이었기에, 더욱 자신이 가지고 있었던 희망의 끈을 잡으려 했던 것은 아닐까 하는 생각이 든다.

어쩌면 회사생활을 하고 있는 우리들의 삶도 수용소의 삶과 다르지 않다. 많은 기회가 주어지지만, 결국 회사라는 조직의 시스템 안에 돌아가는 우리이기 때문이다. 매일 반복되는 일상에 불평만 앞서 이야기 하는 사람이 있고, 매일을 기회로 만들어 사는 사람들이 있다. 이 모든 것은 당신의 태도 마음가짐에 따라 달라지는 것이다. 누군가 좋은 환경에 주어져도 환경에 대한 감사함보다는 부정적인 면만을 바라보고 있는 것은 아닐까?

독일의 신비주의자 타울러가 하루는 거지를 만나서 말했다.

"친구여 오늘도 안녕하시오."

그러자 거지는 이렇게 대답했다.

"나는 하루도 안녕하지 않은 날이 없었습니다."

타울러는 다시 거지에게 말했다.

"그러면 행복하기를…."

그러자 거지는 다음과 같이 대답했다.

"난 불행해 본 적이 없어 하나님께 감사합니다."

타울러는 깜짝 놀라 휘둥그레진 눈으로 물었다.

"아니, 그것이 무슨 뜻입니까?"

거지는 웃으며 그에게 대답했다.

"날이 좋으면 감사하고, 비가 내려도 감사하고, 먹을 것이 넉넉하면 감사하고, 배고파도 하나님에게 감사합니다. 하나님의 뜻이 나의 뜻이요, 하나님을 기쁘시게 하는 것은 무엇이든 나를 기쁘게 합니다. 그러니 제게 무슨 불행이 있겠습니까?"

타울러는 더욱 놀라서 물었다.

"대체 당신은 누구입니까?"

그러자 거지는 연신 미소를 지으며 이렇게 말했다.

"나는 왕이오."

타울러는 자꾸만 알 수 없는 말을 하는 거지에게 큰 소리로 물었다.

"그러면 당신의 나라는 어디에 있소?"

거지는 한마디를 남기고 걸어갔다.

"내 마음속에 있소."

　각자 마음속의 왕국을 세울 수도 초가집을 짓고 살수도 있다. 내 인생의 주인이라는 마음가짐으로 산다면 나의 하루 시간도 내 의지대로 살아갈 수 있다. 무엇을 계획하고도 끝내 해내지 못한 것은 현재의 달콤함에 속아 해야 할 일을 계속 미루고 있기 때문이다. 바쁜 현실 속에서 해야 할 일이 산더미 같이 쌓여있는 와중에 내 미래를 위해서 계획한 일을 추가로 한다는 것은 쉬운 일이 아니다. 하지만, 현실의 달콤함을 조금 미뤄둔다면 변하고자 하는 미래를 앞당길 수 있다.

　오늘 하루는 우리의 인생을 보여준다. 오늘을 미룬다면, 인생 자체가 기회를 미루는 삶을 살 것이다. 하지만 오늘을 부지런히 사는 사람들의 삶은 기회도 빨리 온다. 오늘을 내 의지대로 살 수 있는 사람은 인생을 내 의지대로 살 수 있다. 결국 오늘 하루가 인생의 가장 작은 단위위긴 하지반, 인생의 단면을 보여주기 때문이다.

　오늘 하루를 어떻게 보내느냐가 미래를 결정한다. 하루를 흘러 보내듯이 살면, 인생도 그저 그렇게 흘러갈 수밖에 없다. 오늘 하루 변화를 이끌어내지 못하는데 내 행동과 의지가 아니고서야 인생이 바뀔 수가 없지 않는가. 미래를 바꾸고 싶다면, 눈은 미래에 두되 손과 발의 행동은 오늘을 살아야 한다. 변화는 미래가 아닌 오늘 하루에서 일어난다.

"숨을 들이 쉬라. 내 쉬라. 그리고 바로 이 순간이 네가 확실히 가지고 있음을 아는 유일한 순간임을 상기하라." 오프라 윈프리의 말이다. 내가 살아있는 순간을 온전히 느끼며 누리며 산다는 것은 쉬운 일이 아니다. 매일 주어지는 삶을 어떤 태도로 보낼 것인가? 당신의 오늘 하루 살아있는 순간을 뜨겁게 느끼는 삶을 응원한다.

25시간으로 하루를 사는 법

초판 1 쇄 인쇄일 | 2016년 1월 18일
초판 1 쇄 발행일 | 2016년 1월 25일

지은이 | 김민주
펴낸이 | 하태복

펴낸곳   이가서
주소   경기도 고양시 일산서구 주엽동 81, 뉴서울프라자 2층 40호
전화·팩스 031-905-3593 · 031-905-3009
홈페이지   www.leegaseo.com
이메일   leegaseo1@naver.com
등록번호   제10-2539호

ISBN 978-89 5864 316-6 13320

가격은 뒤표지에 있습니다.
잘못된 책은 바꾸어 드립니다.